産経NF文庫
ノンフィクション

野口健が聞いた
英霊の声なき声

僕はなぜ遺骨収集をするのか

喜多由浩

潮書房光人新社

文庫版のまえがき

野口健という登山家は「現場主義」を貫いてきた。ヒマラヤの高山で、富士山で、あるいは環境保護の問題や、災害の支援において……。とにかくにも、まず「現場」に駆け付ける。そこに立ち、自分の肌で感じた空気や光景、人々の声などを何よりも大事にし、行動や判断の指針としてきたのである。

50代になった今も、それは変わらない。令和6年の元旦に発生した能登半島地震。野口さんは発生の報を聞いて、ただちに支援のために走り出す。仲間たちに声をかけ、寒さに震える被災者のために登山者が使う、冬用シュラフ（寝袋）を届けたり、ボランティアのための「テント村」の立ち上げに尽力したり。現場に通う日々は何カ月も続いた。

そんな野口さんにとって『戦没者の遺骨収集』は大切にしてきた活動のひとつである。フィリピンの「現場」に何度も足を運び、国のために尊い命を投げうちながら、遠い異国の地に放置されたままの旧日本兵の遺骨を目の当たりにした。懐かしい故郷、愛する家族のもとへ戻れない無念さに涙し、「僕が帰す」と誓ったのである。

フィリピンへ行った当時、戦後すでに60年以上が経過していた。残留遺骨の情報が少なくなる中で、国は事業の〝幕引き〟を考えていたと思う。

そうした状況の中で、野口さんが役員として加わったNPO法人は、情報を持っている現地住民に収集を依頼し、最終的にフィリピン側が持ち出しを認めた遺骨を、国から委託された民間団体（NPOなど）が持ち帰る。という〝画期的な〟新しい方式を考案し、驚異的な収集実績を挙げてゆく。それは、停滞していた事業を動かす〝突破口〟となる可能性を秘めていたように思われたが……。

15年前（平成21年）に出版された本書（単行本版）は、その当時の動きを舞台背景にしている。だから、改めて読み返すと〝山が動きかけた〟ことへの高揚感と、迸るような熱気が行間にあふれている。

だが、野口さんは間もなく大きな挫折を味わう。NPO法人が持ち帰った遺骨に旧日本兵以外の骨が混じっている可能性が政府の調査で指摘され、当事者のひとりとして野口さんは批判の矢面に立たされたのである。

どこで、誰が、何を間違ったのか？　その答えを出すのは今なお難しい。もちろん反省点はある。収集の「数」を重視するあまり、チェック体制などに「甘さ」があったことは否めない。その経緯と思いについては、今回改めて野口さんにインタビューを行い、この本の中で語ってもらっている。

いずれにせよ、このときは野口さんもNPO法人の役員を辞めるという選択をせざるを得なかった。ただし、遺骨収集への思いが消えたわけではない。フィリピンから沖縄へと活動の場を移し、定期的に「現場」に通い続けた。それは今も続いている。

さて、この15年で、遺骨収集をめぐる状況は「変わった」とも言えるし、まったく「変わっていない」とも言える。

どういうことか？　フィリピンでのNPOの騒動の他にも、ロシア・シベリアで収集した遺骨をめぐっても混入の問題が指摘されたり、隠蔽工作が批判を浴びたりもした。国はそれらの「反省」に立ち、収集事業の枠組みの見直しに取り組む。平成28年には議員立法によって「戦没者遺骨収集推進法」が成立し、事業を『国の責務』として行う、と明確に位置付けたことは大きな変化（前進）だったが、集中して事業を行うとされた期間」は年限が区切られた（新型コロナ禍などで令和11年度まで延長）。

NPOなどの民間団体への委託は中止され、事業主体は新たに設立された新法人に一元化された。これまでほぼ手付かずだった「海没遺骨」や、停滞していた地域での収集事業も行われるようになった。ただし、「相手（当事国など）」との関係次第でいつストップするか分からない不安定さがつきまとうのは言うまでもない。また、実際に収容される遺骨の数は、さまざまな問題で思うようには伸びていない。つまり、「変化」はあったが、〝時間との闘い〟の中で課題は山積している状況だ。

一方で「変わらない」のは、国民やメディアの無関心ではないだろうか。戦後、まもなく80年になる。毎年、8月15日前後には〝思い出したかの〟ごとくステレオタイプの報道が行われるが、ノド元を過ぎれば消えて行く。当たり前のことだが、戦争体験者は減り続ける。15年前ならまだ、おじいちゃん、おばあちゃんに直接聞けた話も今や難しい。遺骨収集もどこか〝ヨソの国の話〟みたくなっていないだろうか。

集中して事業を行う期間は、あと5年しかない。戦没者の遺骨収集は、今が「最後のチャンス」なのだ。追い込まれた状況の中で、やるべきことは何か？　伝えるべきことは何か？　そんなメッセージを発信するために、今回、単行本版を大幅に改稿し、野口さんのインタビューを盛り込んで、この文庫版を新たに編んだつもりである。

文中に登場する方々の肩書や年齢は基本的に、単行本当時のままとした。単行本の記述にはその後、状況が変わったり、否定されたりした部分もある。誤解を招きかねない部分は加筆・修正したが、現在までの過程を理解する意味でそのまま掲載した部分もある。関係者にはご諒解いただきたい。

令和六年夏

産経新聞社編集委員　喜多由浩

はじめに

世界的なアルピニストである野口健さん(35)はヒマラヤで「死を覚悟」したことがある。8000メートルを超える高山で、何日も吹雪が止まず、テントの中からまったく身動きが取れなくなった。〝命綱〟である酸素は、もはや2日分しか残っていない。野口さんは覚悟を決めて遺書を書き始めた。今から4年前、2005(平成17)年4月のことである。

「ああ、日本に帰りたい」。死を目前にして野口さんが痛切に思ったのは故郷・日本のことだった。「このまま吹雪が止まなければ、僕の遺体は、きっとテントごと吹き飛ばされてしまうだろう。自分の意思で山へ来たんだから、たとえそうなっても仕方がない。でも、せめて誰かが遺体を見つけて故郷(日本)へ帰してくれないだろうか……」。テントの中で、ひとり震えながら、望郷の念は募るばかりだった。

そのときふと、祖父の野口省己《せいき》氏や親しかった橋本龍太郎元首相（ともに故人）から聞かされていた海外での戦没者のことが頭に浮かんだ。「（日本兵も）どれだけ日本へ帰りたかったことだろうか」と。

省己氏は、旧日本陸軍第33軍参謀で、約18万人が死亡した「ビルマの戦い」に参加した。〝おじいちゃんっ子〟だった野口さんは、祖父の苦悩を知っている。たくさんの部下を死なせたのに自分は生き残った。異国の地に眠ったままの多くの部下の遺骨が、いまだに日本へ帰れないことがずっと〝しこり〟となっていたのである。

野口さんは、まだバッテリーが残っていた衛星電話を取り上げ、日本にいる事務所のスタッフを呼び出した。「もし、生きて帰れたら必ず、戦没者の遺骨収集に取り組むよ。紙切れ一枚で召集され、お国のために亡くなっていった人たちを帰したいんだ」

先の大戦中、本土以外で亡くなった戦没者は約240万人に及ぶ。最も多いフィリピンでは約52万人の旧日本軍将兵が亡くなっている。マラリア蚊や毒蛇がうようよいるような熱帯のジャングルで敵軍や地元のゲリラに追い詰められ、十分な食糧もないまま洞穴に身を潜め、懐かしい故郷・日本へ続いているであろう海を見つめながら、数え切れない若者たちが無念の死を遂げた。

愛しい妻や子供たちと、ひと目、会いたかったことだろう。最期に、「かあちゃん」と、だけ残して逝った兵士もいる。戦後60年あまりたった現在も、その戦没者の約半数（約１１５万人）の遺骨はいまだに、遠い異国の地に残されたままだ。

政府（厚生労働省）が行う戦没者の遺骨収集事業は昭和27年度からスタートし、最も多い50年度には約３万６０００柱を海外から持ち帰った。ところが近年は、派遣団の主力だった戦友会や遺族会のメンバーが高齢化し有力な情報は少なくなるばかり。昨年度までの収集数は３年連続で３ケタ（１０００未満）にとどまり、数年前には事業の〝幕引き〟を口にする担当大臣さえいた。

こうした国の〝サボタージュ〟とも言える態度に業を煮やし、独自の立場で精力的な活動を始めたのが、民間のＮＰＯ法人らである。野口さんもそのひとつの団体に加わり、これまでに３度、フィリピンに渡り、今年３月には初めて４１９体分の遺骨とともに日本へ帰ってきた。

野口さんは、「これは国家のプライドの問題だ」と言う。国のために命をなげうった人たちを国の責任で故郷へ帰す。その「決意が問われているのだ」と。

それは同時に日本人への問いかけでもある。この問題に「右」も「左」もない。今ある繁栄の礎《いしずえ》となった先人たちへの敬意と感謝。そして、人間としての当たり前の情愛が、野口さんらを突き動かしているに違いない。

私は、野口さんらの「行動と思い」を1年半にわたって追い続けた。本書は、その記録であると同時に、戦没者遺骨収集問題がいま置かれている現状と課題を私なりに明らかにするものである。

喜多由浩

野口健が聞いた英霊の声なき声——目次

セブ島カーカーの洞穴を埋めつくす
おびただしい遺骨

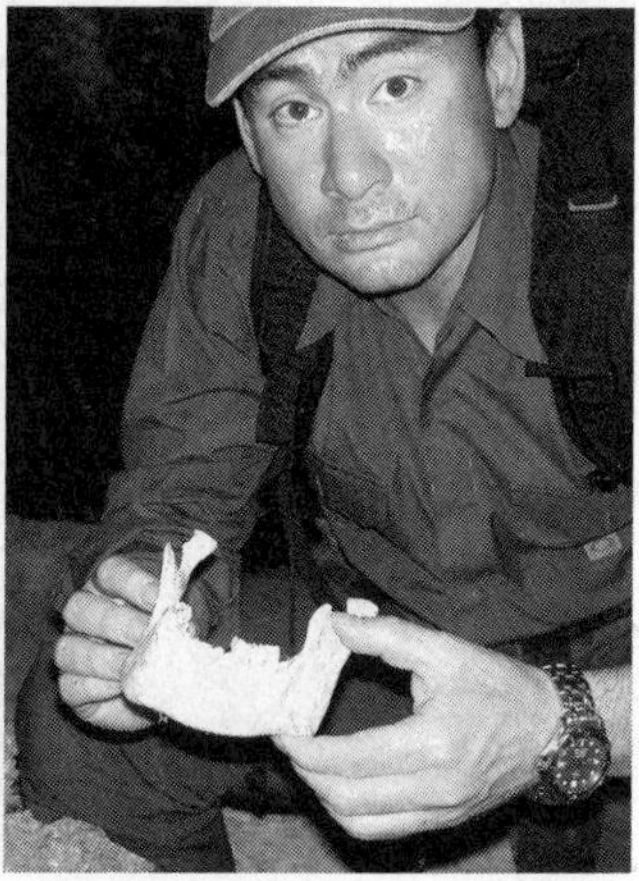

下あごに残っていた歯は若者のもの
だった(フィリピン・セブ島)

ひとつひとつ遺骨を確認する

美しい朝焼け（フィリピン・ボホール島）

ジャングルの道を行く野口健

エメラルド色のフィリピンの海

遺骨を掘る地元の人たち

掘り出された遺骨

セブ・カーカーの洞穴一面をうずめる遺骨に言葉を失う（セブ島）

絶壁にある洞穴にも遺骨が……（フィリピン・ボホール島）

白い奥歯はまだ20歳ぐらいだろうか
（ボホール島）

「ご苦労様でした」と手を合わせる

セブ島の焼骨式で

ジャングルの道なき道を行く

写真提供・野口健事務所、
JYMA、影山幸雄氏（本文中も）

野口健が聞いた英霊の声なき声

第一章

信念

洞穴で聞いた「英霊」の声　2008年3月・フィリピン

1

フィリピン・セブ島は、日本人観光客にとって人気が高いリゾート地だ。マリンレジャーが盛んで、成田からの直行便に乗って大勢の若者たちが訪れる。そのゲートウェイであるマクタン国際空港は日本の援助（ODA＝政府開発援助）によって造られた。空港周辺には高級ホテルが林立し、観光客は多額の「円（ペソ）」と引き換えに、日本に居るのと変わりがないサービスが与えられる。60数年前の戦争の痕跡など一見、どこにもないような繁栄ぶりだ……。

2008年3月、アルピニストの野口健（35）は、NPOの一員としてこの地を訪れた。セブ島には学生時代、当時付き合っていたガールフレンドと遊びにきた思い出がある。そのときは、「何にも考えていなかった」と苦笑するが、今回は違う。戦没者遺骨収集の「現場」に立つために来たのである。野口がヒマラヤの高山で「死を覚悟」してから早くも3年の歳月が流れていた。

熱帯の海は「色」が違う。コバルトブルーが鮮やかなサンゴ礁の海、そして真っ白で、どこまでも高い雲。そのコントラストが目に眩しい。3月中旬だというのに、日中の気温は35度以上。椰子の木越しに、ギラギラとした熱帯の太陽が、容赦なく照りつける。まだまだ〝冬支度〟の日本からやってきた身には、その差がきつい。

60年あまり前、このフィリピンの地で激しい戦いがあり、夥しい血が流れた。アメリカ軍や地元民のゲリラに追われた日本兵は、負傷やマラリア、そして空腹と闘いながら、灼熱のジャングルを彷徨い続けた。追い詰められた彼らは、山中や断崖絶壁の洞窟にじっと身を潜め、来るはずもない援軍を待っていたのである。

遺骨が残されている場所は、街中もあれば、何時間も山道を登って行かねばならないジャングルの洞穴もある。30分も歩いていると、たちまち汗みずくになってしまう。世界的なアルピニストである野口も、「暑さには弱いんだ」と照れ笑い。だが、当時の日本兵が味わった恐怖や辛さには比べるべくもない。苦労をすればするほど、その気持ちが少しは分かろうというものだ。

野口は高揚していた。「とにかく『現場』に行ってみたかった。『現場』に立たなきゃ分からない感覚というものがあるし、どんな問題でも、僕はそれを大事にしてきた。まず、自分自身の〝肌〟で感じたい、と思ったのです」

ここへやってくるまでの道程は簡単ではなかった。1年の3分の1ぐらいは、海外遠征に出かけている野口のスケジュールは「超過密」だ。日本にいる間は講演依頼が引きも切らず、予定は半年先までぎっしり。もちろん、遠征の費用を出してくれるスポンサーとの関係は大切にしなければならない。野口が取り組んでいる環境問題にかかわる仕事や勉強にも追われていた。

遺骨の発掘現場で（フィリピン・セブ島）

「今の時期に無理をして、遺骨収集（調査）に行く必要はないのではないか？」。野口の事務所のスタッフの中には、こうした声もあった。世間から野口が「〝右寄り〟と見られかねない」として、やんわりと反対する意見もあったという。

〝取っかかり〟もなかった。知

識も経験もない野口が、いきなり遺骨収集をできるはずもない。遺骨収集に実績がある別のNPOとも交渉し、派遣団の一員に加えてくれるよう頼んだが、スケジュールが合わなかったりして、なかなか話がまとまらない。

野口が、こうした経緯をブログに書いたところ、それを見た、冒頭のNPOから、「一緒に行きませんか」と誘われたのである。まさに〝渡りに船〟だった。

2

昭和48（1973）年生まれの野口は、戦争を知らない。生まれたときから、戦後は遙かに遠く、〝豊かな日本〟があった。野口に戦争のことを教えてくれたのは、祖父の省己《せいき》（故人）である。

省己は、明治44（1911）年の生まれ。陸軍士官学校は46期。昭和19年4月、第33軍参謀となり、「ビルマの戦い」に参加した。ビルマの戦いでは約10万人が参加したインパール作戦をはじめ、日本兵にとっては〝地獄絵図〟のような戦いが続いた。最終的な戦死者（戦病死を含む）は、約18万人に上ったとされている。

「僕は〝おじいちゃんっ子〟で、子供のころから、じいちゃんの話を聞くのが大好きだった。じいちゃんは、陸軍大学を出て参謀となり、最後はビルマ（現ミャンマー）にいた。『たくさんの兵隊を死なせてしまったのに、私だけが生き残ってしまった』と何度も言っていたのを覚えている。じいちゃん自身は長生きをし、孫にも囲まれて幸せな人生だったけど、戦争で死なせてしまった部下たちのことが、最後まで頭を離れなかったんだと思います」

異国の地で、夥しい数の日本兵の屍が骨となり、今もその土地に大半が残されたままになっている……。そのことは、橋本龍太郎（元首相、故人）からも聞かされていた。

野口が橋本と親しくなったのは、エベレストの清掃登山が縁である。野口は、かつて「橋本隊」がエベレストに捨てていった酸素ボンベを持ち帰り、わざわざ橋本のところへ持っていった。そのことがきっかけで仲良くなったのだ。エベレスト清掃登山には日本の山岳界から、度々〝横やり〟が入ったが、それを、「協力をせよとは言わないが、邪魔だけはするな」と止めてくれたのが登山界の重鎮でもある橋本だったのである。

祖父の省己と橋本から聞いた話は、野口の心の中にずっと突き刺さっていた。2005年4月に、「ヒマラヤで死を覚悟した」ことが、実際に野口を「行動」に駆り立てるきっかけになったのは、すでに書いた通りである。

　幸いに生還できた野口は、ヒマラヤから帰国後、靖国神社へ行き、「遊就館」に展示されている特攻隊員の遺言のメッセージを懸命に読んだ。そして、遺骨収集事業について自分なりに調べ始めたのである。

　もうひとつ、世界各国を巡りながら感じていた「憤り」があった。それは、「国のために命を投げ打った人たちが、日本では国民から、必ずしも尊敬されていないのではないか」という憤りである。

　野口には、かつてシンガポールで見た光景が忘れられない。広大な敷地を使って豪華な無名戦士の墓地を作っていた米英に比べて、日本人の墓地はあまりにも小さく、どこにあるのかさえ、よく分からなかった。それさえも、日本政府ではなく、地元の日本人会がつくった墓地だったのである。

「日本は敗戦国だから、(こんな扱いでも)仕方がないのかもしれない。でも、米英の墓地と扱いにあまりにも差があった。国のために死んだ人たちを尊敬し、丁重な扱いをしない国家なんて、世界中、捜しても日本以外にはありませんよ」

　戦後の教育にも疑問を持っていた。戦争に関すること、というだけで〝絶対悪〟のように教える教師たちがいる。ある学校で特攻隊の映像が紹介されたとき、「撃墜された特攻機に向けて拍手をした教師がいた」という話を聞いて野口は、はらわたが煮えくりかえるほどの怒りを感じたという。

「戦死した人たちは今の日本の社会を見てどう思うだろうか。きっと、『こんな国をつくるために命を投げ打ったのか』と憤慨するでしょうね。靖国問題への誤解もそうだが、今の若い人たちは、多くの日本兵が『愛する家族を守るために死んで行った』ということをあまりにも知らない」

3

フィリピンで戦死した日本軍将兵は約52万人を数える。実に、海外戦没者の「5人に1人」がフィリピンで亡くなったのだ。だが、このうち、祖国に帰ることができた遺骨は、いまだ約13万人分余に過ぎない。40万人分近い遺骨が今も、ジャングルや洞穴の中に残されたままになっている。

野口らが訪ねた場所は、日本人観光客らで賑わうセブ空港のすぐそばだった。車なら5分とかからない民家の庭に夥しい数の日本人の遺骨が埋もれている。目と鼻の先にある空港には今日も数多くの日本人の若者たちが降り立つ。この土地

ラリンティ〈右〉と野口〈左〉（フィリピン・セブ島）

で、歳もかわらない多くの日本の若者たちが命を失い、その遺骨が今も土に埋もれたままになっていることを、彼らはきっと知る由もないのだろう。

「その現場」とは、町の公安委員を務めるイサビル・ラリンティ（77）の自宅の庭である。自宅前は、交通量が多い幹線道路にあたり、時折、頭上をかすめるようにジェット旅客機が轟音を立てて飛んでいく。

ここには、かつて日本軍の部隊が駐屯し、アメリカ軍機によって激しい空襲が行われたという。日本軍部隊は、椰子の木に備え付けた機関銃などで対抗したが、劣勢は否めず、やがて、何人もの日本兵の遺体が庭に折り重なることになった。

ラリンティが今も自宅の庭を掘り続けているのには理由がある。当時、まだ10代の少年だった彼は「オリガサさん」という若い通信兵ととても仲が良かった。「オリガサさんは、『ここは危ないからお前は逃げろ』と言ってくれた。彼の行方はいまも分からない」と哀しげに首を振った。

「オリガサさん」やその仲間の遺骨は、まだここに眠っているかもしれないのだ。「仲良くしていた人たち（日本兵）を長い間、放っておいたのは、とても心苦しいことだった。こうして日本人が迎えに来てくれたのは嬉しいことだよ」

野口は、ラリンティが庭から掘り出した土まみれの遺骨を手にとって触れてみた。下あごについたままの奥歯は、虫歯や治療の跡がなく、驚くほど真っ白だ。まだ、20歳前後の若者だったに違いない。大腿骨を身体にあててみると、身長は野口と同じぐらいだろうか。鎖骨や肋骨と見られる骨もあった。野口は、遺骨に向けてそっと手を合わせ、持参した線香を上げた。

4

ラリンティの自宅の庭からは、掘れば、掘るほど、日本軍兵士のものと思われる遺骨が出てくる。だが、野口とNPOが、それを日本に持ち帰ることはできない。海外では、国（厚生労働省）の遺骨収集事業が昭和27（1952）年度にスタートして以来ずっと、原則的には「遺骨収集は国の派遣団に限る」とされてきたからだ。この原則は、やがて大きく変わることになるのだが、それはここでは触れない。

当時、フィリピンでの国の遺骨収集事業は甚だしく停滞していた。戦後60年あまりが経過し、それまで政府派遣団の主力だった戦友会や遺族会のメンバーは高齢化が目立っていた。「昔の情報」頼りでの捜索では、成果が挙がりにくくなっていたのである。

それに加えて、「鑑定人」の問題が大きな障害になっていた。

フィリピンでは、日本政府が依頼し、フィリピン政府が選んだ大学教授である鑑定人は骨格や周囲の証言などから、日本人か否かを判断する。彼が遺骨を鑑定の上、「日本兵のものである」と確認できれば、焼骨し、日本へ持ち帰ることができる。

だが、わずかでもフィリピン人や動物の骨が混じっていると判断されれば、たとえ、ほかの大多数の遺骨が日本兵のものだったとしても、「混在」とされ、日本には帰れない。関係者によれば、面倒な作業を回避したいのか、大量の遺骨が出たときに限ってそうした判定が下される場合が多かった、という。

しかも、鑑定人はフィリピン全土でたったひとりしかいない。彼の鑑定方法は不可解で、明確な根拠も示さなかった。日本からの派遣団がせっかく多くの遺骨を見つけても、鑑定人が「ノー」と判断したがために、涙を呑んでフィリピンへ置いて来なければならなかった。これまで、そんなことが何度も何度も繰り返されていたのである。

多くの遺骨を目の前にして、野口は、やり場のない怒りを隠せなかった。

「紙切れ一枚（召集令状）で戦場に駆り出され、国のために亡くなったのに、『日本に帰るハードル』が、なぜこれほどまでに高いのか。戦争へ行き、死ぬまでのハードルは、とても低かっただろうに……。骨になってなお、日本になかなか帰れないなんて、どう考えたっておかしいでしょう」

ラリンティは野口にこう言った。「ずっと掘り続けますよ。でも、新築の家を建ててしまった場所だけは掘ることができないんです。本当にゴメンナサイ」

日本人の若者たちが、マリンレジャーに興じているリゾート地のすぐそばで多数の日本兵の遺骨が埋もれたままになっている。そして、それを掘り続けているフィリピン人がいるのに……。

だが、民間団体が遺骨を持ち帰ることができない「ルール」がある以上、野口らがいくら熱心にやっても、その行為は「収集」ではなく、「調査」に過ぎない。「情報」を厚労省に伝え、政府の派遣団を待つという〝受け身〟の立場でしかなかったのだ。

5

野口が参加したＮＰＯは、映像ジャーナリストらが中心になって立ち上げた。活動の趣旨に賛同した与野党の国会議員が多数、顧問として名を連ねている。

その活動は朝が早い。まだ夜が明けきらないうちに宿舎を出発して港に向かい、船で周辺の島へ渡る。そして、午前6時ごろから日が暮れる夕方まで、ぶっ通しで、遺骨の情報があった場所を数カ所、調査する。

昼食をとる時間も惜しんで現場を回るのは、ひとえに「お金」がないからだ。限られた日数でできるだけ多くの現場を回るためには、どうしても強行軍になってしまう。

現場は、街中の住宅地もあれば、2、3時間もジャングルの山中を歩いた洞穴にもある。熱帯の高温多湿の厳しい気象条件もさることながら、道中には、怖い毒蛇のコブラやマラリアを感染させる蚊もうようよいる。「夕方まで」で活動を切り上げざるを得ないのは、山中では、この時間帯を境に治安が極端に悪化するからだ。

その日は、夜中の2時に宿舎を出発、セブ島から船でネグロス島へ渡り、午後に再びセブ島へ戻る日程だった。

4カ所目となるセブ島西岸中部、カーカーという街から程近いジャングルに着いたのは、もう午後4時を過ぎていた。地元のガイドによると、そこからさらに急な山道を1時間ほど登ったところが現場だという。

みんな疲れている。時間もない。治安が悪化する「夕方」に差し掛かっているからだ。さすがの野口も疲労を隠せない。夕方になっても、ジャングルの気温はなかなか下がらないのだ。

やっとたどり着いた山の中の洞穴の中に驚くべき光景が広がっていた。洞窟にあったのは、50キロ入りの米袋のようなものにぎっしりと詰め込まれていた遺骨。そして、足の踏み場もないほど、地表に積み重なっていた夥しい遺骨である。

あまりの凄まじさに、野口は息を呑み、思わず悲鳴に近い声を上げた。

軽く150体は越えているであろう。よく見ると、骨は小さくバラバラの骨片になっている。

カーカー付近には米軍が上陸している。追い詰められて、山中の洞窟に逃れたが……。

繰り返しになるが、これだけ多くの遺骨を目の前にしても、日本に戻すことはできない。それは政府の派遣団にしか許されていないことだからだ。

カーカーの洞穴をうめたおびただしい遺骨

「間もなく政府の収集団が来る。もう少しの辛抱です」。大量の遺骨を前に野口は唇を噛みしめながら、そっと手を合わせるしかなかった。

そのとき、野口には「声」が聞こえたという。決して、霊感が強いほうではない。だが確かに聞こえた……。

『声』はこう言った。

「おーい、もう帰ってしまうのかい。せっかく見つけてくれたんだろう。俺たちは60年も待っていたんだよ」と。

フィリピンの地では、終戦後も、しばらく、アメリカ軍から武器を供与されたゲリラによる日本の敗残兵の掃討戦が、しばらく続いたという。

野口はやるせなくなった。

「戦争が終わっているのに、死なねばならなかったなんて……。さぞかし、無念だったろうな。追い詰められて、追い詰められて、肉体的にも精神的にもぎりぎりの状態の中で、じわじわと亡くなっていったんだ」

彼らは「死」に直面したそのとき、何を考えたのだろう。

「僕は、『天皇陛下バンザイ』じゃなかったと思う。まだ、20歳前後の若者たちが、死んでいくときに、どうやって自分を納得させたか？　ということですよ。それは愛する家族のために国を守る、そのために俺は死んでいく、という気持ちだったんだろうな」

よく欧米人は、イスラム教徒による自爆テロと日本兵の特攻を同一視するが、野口は「それは違う」と思う。

「これは想像だが、イスラム教徒の場合、『神』のところへいけるんだ、という『光』のようなものが見えているんだと思う。でも、日本人は決してそうじゃない。『かあちゃんに、ひと目会いたかった』『日本へ帰りたい』という思いを抱きながら、若い彼らは、国のために死んでいったのだと思う」

6

先の大戦において、本土以外で亡くなった旧日本軍将兵は約240万人。政府による遺骨収集事業は、フィリピン、インドネシア、ニューギニア、ソロモン、硫黄島、ロシア・シベリア、アリューシャンなどで行われており、日本へ帰った遺骨は約124万6000柱（平成20年3月末現在、国の事業がスタートした昭和27年度以前に民間人が持ち帰ったものを含む）に及ぶ。

だが、年々、遺骨に関する情報は減り、戦後60数年の「風化」によって国民の関心も決して高いとはいえない。戦友会や遺族会の高齢化も影を落としているのはすでに述べた通りである。

フィリピンの場合、ピークであった昭和48年～50年度には、年間約1万5000柱前後が日本へ帰ったが、ここ数年は、100柱にも満たない年がほとんどであった。

民主党の衆院議員、泉健太（34）は20代のころから、学生主体の遺骨収集事業に参加してきた。

「かつては情報収集をしなくても、実際に戦争に行った当事者がたくさん遺骨収集事

年度別戦没者遺骨収集実績表

平成20年3月31日現在、厚生労働省資料

年　度	収骨数（柱）
昭和27年	478
28	317
29	6051
30	1351
31	599
32	2561
39	140
41	182
42	13673
43	13897
44	21607
45	8791
46	15263
47	9179
48	27019
49	35885
50	36240
51	17565
52	8609
53	4159
54	3257
55	3386
56	2335
57	3779
58	1440
59	1762
60	3173
61	2636
62	2697
63	1614

年　度	収骨数（柱）
平成元年	1273
2	914
3	1043
4	1526
5	2220
6	1647
7	2114
8	2167
9	1460
10	3135
11	2059
12	1338
13	2710
14	2663
15	1269
16	1151
17	604
18	640
19	760
合　計	313322 （琉球政府委託分含む）

昭和31～46年度まで沖縄の遺骨収集については、総理府が琉球政府に委託して実施

収骨数　32984柱

業に参加していたから、それほど苦労はなかった。でも今は違う。みなさんの高齢化が進み、活動範囲も狭まってきている。それで現地の情報に頼るようになったが、政府の収集団というのは、『危険な場所には行かない』『明確に結果が出る（遺骨がある）ところにしかいかない』のが原則。また、厚生労働省や外務省の縦割り行政の弊害もあって、なかなか結果が出なくなっていたのが、この20年の状況だった」と振り返る。

ネグロス島で、先の大戦中、ゲリラとして日本軍と戦ったという老人に出会った。現在は漁師をしているドミンゴ・サラッパ（84）である。「私は日本軍に捕まり、両手を縛られて連行された。当時、3人ぐらいの日本兵が死んでいるのを目撃したね」

サラッパがいう幹線道路沿いに、小さな祠のようなものが祀ってあり、いくつかの遺骨が無造作に置かれていた。別の住人は、その先の山を指さし、「この中に延長5キロの洞窟があり、そこにトラック一杯分の骨を埋めた」という。野口らは色めきたった。もし日本軍兵士のものであれば、大変な数だ。

しかし、よくよく聞いてみれば、その骨は日本兵のものではなかった。「3人しか日本兵の遺体を見なかった」というサラッパの話とも一致しない。結局、その話は、フィリピン人の墓地を改葬した際に出たものだったのである。

ネグロス島ではこんなこともあった。徒歩で行けば、5、6時間もかかりそうなジャングルの山道を、各人がバイクの後部座席に跨って現場にたどり着き、やっと「対面」した遺骨は、10歳ぐらいの子供のものだと分かった。落胆する野口らに役員は努めて冷静にこういった。

「こんなことは日常茶飯事だ。だからこそ、住民の話をよく聞くことが大事なんだ」

1970年代半ばごろまで、フィリピンでは、反日感情のために、遺骨があることが分かっていながら、その場所へ入っていけないケースが多々あった。今もそういう場所は残っている。

いかに、地元住民の信頼を得て、正確な情報を得ることができるか。野口は、「付け焼き刃」でいきなり現場に乗り込んで、成果を挙げられるような土地ではないことを思い知らされた。

7

野口はここ数年、学校などで講演会に招かれると、遺骨収集の話をする。「戦争のことをよく知らない若い世代にぜひ伝えたい」と思うからだ。

だが、学校によっては、この話をすると、露骨に嫌な顔をする先生がいる。「環境問題の話題で十分だったのに、よりによって戦争の話を持ち出すなんて……」。まるで余計な話をするな、といわんばかりだ。

だが、そんなことで節を曲げる野口ではない。むしろ、フィリピンで体験したことを積極的に若い世代に伝えていきたい、と思っているのだ。知名度が高い野口には、社会的な影響力があるし、情熱も、行動力も戦略性も持ち併せている。

野口が「現場人間」であることはすでに書いた通りだ。多忙なスケジュールから無理やり日程を捻り出し、フィリピンにやってきた。そして「現場」に立ったことが、野口の魂を揺さぶったのである。

「僕はまだまだ勉強が足りない。ただ、やっぱり現場に来ると分かることがある。それを伝えることはできるはずだし、それこそが僕の役割だと思う。戦争のことをよく知らない若い人たちに『こういう問題があるんだ』と伝えて、少しずつでも、理解を深めてもらうことが大事なんですよ」

遺骨収集とともに野口が力を注いでいる環境問題も、以前は世間の関心も、それほど高くはなかった。

「環境も最初は、少なくともみんなでやろう、という雰囲気はなかった。でも現場に来ると意識が変わる。役人だってそう。けんかをするよりも、いかに彼らをこの活動に巻き込んでいくか、がポイントだと思う」

＊

2008年3月、1回目の渡比以降、野口は、遺骨収集問題への傾斜を深めていく。夥しい数の日本軍兵士の遺骨が、ジャングルの中に残されたままになっている現実を目の当たりにしたこと。それを知りながら、日本へ持ち帰ることができない悔しさも味わった。

日本へ帰ってから野口は、ことあるたびにそのことを訴えた。

そして、若い人達が決して無関心なのではなく、単に「知らないだけ」ということに気付く。

野口は「確かな手応え」を感じたという。大きなムーブメントに火が付きそうな気配が漂い始めたのである。

遺骨収集の「原点」　2008年5月・日本

1

1回目のフィリピンでの遺骨収集調査（2008年3月）から帰国した野口には再び、超多忙なスケジュールが待っていた。

野口の活動の大きな柱になっていた「環境問題」で、南太平洋・ツバル、ヒマラヤでの氷河湖の訪問調査、と世界中を飛び回らねばならない。7月には北海道・洞爺湖サミットの開催が予定されており、野口はその場で、危機的状況にある地球環境の問題を訴えたいと考えていた。そのために、福田康夫首相（当時）にも会い、懸命に準備を進めていたのである。

一方この時期、野口の言動がメディアを騒がせたことがあった。世界中から非難を浴びていた「中国によるチベット弾圧」を、自身のブログでストレートに批判したためだ。

8月には北京五輪が予定されていたが、野口は、「このまま、非人道的行為が繰返されるなら最終手段として五輪ボイコットも選択肢に含まれる」という毅然としたメッセージを出した。中国でビジネスをしている経済人や日中関係の悪化を危惧する政治家らが、「腰が引けた物言い」に終始していただけに、野口の発言は目を引いた。

もちろん野口にとっても、〝ノー・リスク〟だったわけではない。今後、エベレストへ中国側から登るときに許可がでない怖れがあるし、中国との関係を重視するスポンサーが降りる可能性だってある。そういうリスクをすべて呑み込んだ上で、「どうしても言わずには居られなかった」のである。信念を重んじる野口らしい行動だった。

実際には、スポンサーを降板した企業は1社に過ぎず、中国側から〝嫌がらせ〟をされることもなかった。そして、野口の行動は、多くの日本人からは「拍手喝采」を持って迎えられたのである。

野口はヒマラヤから帰国した2008年5月、著者（喜多）のインタビューに応じ、その経緯を語っている。そして、遺骨収集問題についても、改めて意欲を示した。産経新聞「話の肖像画」に掲載（同年6月2日～6日付け）されたインタビュー記事を再掲してみよう。野口の考え方と「ストレートで熱い」人間性がよく分かると思うからだ。

2

――チベットの問題で、「中国による非人道的行為が繰り返されるなら最終手段として五輪ボイコットも選択肢に含まれる」という毅然としたメッセージを出しましたね。「語らないのは（中国に）加担するのと同じだ」とも

野口　実は3日間、悩み抜きました。エベレストに行くのに、「もう中国側からは入れなくなるかもしれない」という思いも頭をよぎりましたしね。それで、外交官だった親父に相談したら、「お前がハラをくくれるかどうかだ」と突き放されました（苦笑）。（登山家の）私たちはチベットで何が起きているか、何度も見ているわけです。やはり黙って見過ごすことはできませんでした。

――「あの発言」で、スポンサーを降りた企業もあったそうですね

野口　1社だけです。私は「3分の1ぐらい（がスポンサーを降りるの）」を覚悟していました。スポンサーの中には、中国で商売をしている企業もありますからね。だから、（ブログに）メッセージを出すときは、事務所のスタッフにも相談しませんでした。必死にスポンサーを集めてきた彼らに相談すれば、反対するに決まっていま

す（苦笑）。もちろんお金は大事ですが、そのことで節を曲げるわけには行きません。魂は売りたくないからです。

――日本での聖火リレーに、まるで〝何事もなかったかのように〟参加した人たちにも苦言を呈しましたね

野口　聖火リレーに参加したことを批判したのではありません。ただ、中国の姿勢に対してひと言ぐらいあってもよかったのではないでしょうか。よく「政治と五輪は別だ」という人がいますが、私はそうは思いません。むしろ国際政治そのものです。五輪選手だって、形を変えた外交官のような存在でしょう。口をつぐんでいる方がおかしいですよ。

――福田康夫首相からして問題の最中に来日した中国の胡錦濤主席に対して、ほとんど何も言えませんでした

野口　あれは中国を助けてしまいましたね。何も言わない日本だからこそ、中国はこの時期の訪問先に選んだのかもしれません。

――（2008年）4月から5月にかけて、地球温暖化の影響で決壊の危険性がある氷河湖の調査などのためにヒマラヤへ行きましたね。そこで北京五輪の聖火をエベレストの頂上へ上げる「大騒動」に出くわしてしまった……

野口　聖火を頂上に上げるまでは、中国側だけでなく、ネパール側でも、６４００メートル以上に登ることが禁止され、われわれがいたベース・キャンプ（ＢＣ）でも〝厳戒態勢〟が敷かれていました。ネパール領なのに、中国の工作員とおぼしき連中がうようよいて、ビデオカメラを回すのも禁止、衛星電話も禁止。ＢＣの上空では中国軍機が飛んでいるのが見えましたよ。まったく「異様な光景」でした。

3

――世界最高齢登頂を目指していた三浦雄一郎さんも、そのあおりで「中国側」から「ネパール側」への変更を余儀なくされましたね

野口　三浦さんとは4月16日にＢＣでお目にかかりましたが、大変なストレスだったと思いますよ。登山家は「命」をかけているんです。対自然相手だけで精いっぱいなのに、こんな理不尽なことで、ストップをかけられてはたまりません。

――そのＢＣでは、まだ4月中旬なのに、氷河から流れ出した水で、いくつもの川ができていたそうですね

野口　ネパール側のＢＣに来たのは5年ぶりですが、そのときは5月中旬になって

ようやく川ができていましたから、（氷河がとけるのが）1カ月も早くなってしまったわけです。エベレスト街道に掛かる橋も去年の夏の増水で、すっかり流されてしまいました。温暖化の影響はかなりのスピードでやってきていますね。

――決壊の危険性が指摘される「イムジャ氷河湖」（標高5010メートルのエベレスト南方にあり、現在は東京ドーム32個分の水量にまで膨らんでいる）の現状はどうでしたか

野口　大きな湖ですから、ちょっと見ただけでは分かりにくいのですが、約15年間で35パーセントも湖面が拡大しています。湖の横にある山の斜面にある氷がとけて、真っ黒になっているのも分かりました。もし、イムジャ氷河湖が決壊すれば、エベレスト街道沿いの村は大半が流されてしまう。村人たちがおびえているのが「今年の夏」です。春にあれだけ氷河がとけているのだから、夏にどれだけ水がでてくるか、想像もつきません。

――温暖化によって溶け出したヒマラヤの氷河の水が溜まってできたのが「氷河湖」でしたね。今回の視察・調査ではどんな点に重点を置きましたか

野口　氷河湖が決壊すれば、直ちに生命の危険に晒される村人たちの話を聞くことに力を入れました。彼らの願いは「とにかく早く氷河湖の水を抜いてほしい」という

ヒマラヤ・イムジャ氷河湖の前で

ことです。「引っ越せばいいじゃないか」という人がいますが、長年住み慣れた家を捨て別の土地へ行くことは簡単ではありません。

――氷河湖の決壊を防ぐにはどんな対策がありますか

野口　私は水を抜く「水門」を作ることを訴えています。かつてオランダが中心となって水門を作った氷河湖では水位が3メートルも下がりました。日本政府が「本気」になってＯＤＡ（政府開発援助）などの形で援助すれば、水門はできますよ。

　氷河湖の問題も最初は、ほとんど知られていませんでした。外務省に話を持っていっても、「うちの管轄じゃない」と冷たくあしらわれたこともありますしね。あまりにも話が動かないので、「もう投げ出したい」と思うこともありましたが、ここにきてようやく、機運が高まってきました。5月に神戸で行われたG8環境相会合でも取り上げられましたし、福田康夫首相も話を聞いてくれました。とにかく「しつこく」「あきらめず」繰り返して訴えることが大事なんですね。

――しつこくですか……

野口　私が取り組んできた富士山やエベレストの清掃登山も最初は誰も知りません、スポンサーもなかなかつきませんでした。それが今ではかなり浸透したと思いますよ。富士山の清掃登山には高校生や大学生の若者の参加が急増していますしね。

――……どうやって清掃登山を浸透させたのですか

野口　それまで私はテレビのバラエティ番組には、ほとんど出たことがありませんでした。でも番組に出れば、清掃登山の映像を必ず流してくれる。その効果はなかなか大きかったと思いますよ。中には「タレント気取り」と批判する人もいますが、そうやって、いろんな人に「伝えること」が私の役割だと思うのです。

4

――今年3月、フィリピンで、NPOによる遺骨収集調査に参加しましたね。きっかけは何だったのですか

野口　数年前、私は８０００メートルを越えるヒマラヤの山で悪天候のために死にかけたことがあります。もしあと2日、吹雪が続いていたら間違いなく死んでいたでしょう。私は一人テントで遺書を書きながら心底、思いました。「あぁ日本に帰りたいな」と。

そのとき、戦争へ行って海外で亡くなり、いまだに帰れない人たちのことが頭をよぎったのです。この問題については、橋本龍太郎元首相やビルマの戦いで参謀を務めた祖父（ともに故人）から、よく聞かされていました。あの人たちも「日本に帰りたい、ひと目でいいから家族に会いたい」と思いながら亡くなったんだろうな、って。

――野口さんの世代では珍しい。今の若者たちは、戦争のことをロクに知りません

野口　それが問題ですね。命令ひとつで戦争へ行かされ、祖国を、大事な家族を守るために命を投げ打った人たちのことを忘れてしまっている。尊敬もされない。そんな国は世界中探してもありませんよ。私が学校の講演で、遺骨収集の話をすると、露骨に嫌な顔をする先生がいたり、「野口は右翼じゃないか」と批判する人もいます。今の日本を見たら、戦争で亡くなった人たちはきっと嘆くでしょうね。「こんな国を作るためにわれわれは命を投げ打ったのか」と。

――フィリピンでは戦死者52万人のうち、約40万人の遺骨はいまだに帰れないでい

ます

野口　ジャングルの中で150体分は軽く超えているご遺骨で埋め尽くされている洞窟を見つけました。米軍やゲリラに追い詰められて集団自決した部隊なのでしょう。でもこれだけのご遺骨を見つけてもわれわれ民間人は日本に持ち帰ることができません。出来るのは政府の収集団だけですからね。

後ろ髪を引かれる思いで洞窟を出たとき、私は不思議な声を聞いた気がしました。「おい、もう行ってしまうのかい。やっと見つけてくれたんだろう」。恐らくわれわれは60年ぶりに来た日本人だった。それなのに何もできない……。私は思わず「間もなく政府の収集団が来ます。もう少しだけ辛抱してください」と手を合わせていました。戦後60年あまり、人々の記憶はどんどん風化していきます。「急がなきゃいけない」と思います。

5

——野口さんは、とても情熱的に、エネルギッシュに、いろんな活動をし、大きな成果も上げています。行動の「原点」はどこにあるんですか

野口　原点は私が「落ちこぼれ」だったことですよ。高校時代は勉強ができず、暴力を振るったこともたびたび……。教師からは「お前はダメだ」とはっきり言われました。その屈辱感を何とか晴らしたい、自分でも「何かできる」ことを見せたい、という気持ちでした。

それに、山の世界では、いつも「死」と隣り合わせです。ちょっと気を抜くと簡単に命を落としてしまう。実際に私はもう20人以上の仲間を山で失っていますしね。人間というのは「死」と直面すると逆に「生きたい」という気持ちが猛烈にわいてくるものです。

――今の日本の若者たちを見ると、「生きたい」という気迫があまり感じられないし、マナーやモラルにも欠けている気がします

野口　〝理不尽な大人〟が家庭にも学校にも居なくなりましたね。子供をしかるのに細かい理屈は不要です。「ダメなものはダメ」と大人は毅然《きぜん》としていなくてはなりません。例えば、「学園もの」のテレビドラマを見ていると、教師や親が「勉強しなくてもいいんだよ」とか「嫌なら学校へいかなくてもいい」と言っていますが、それがおかしい。子供にこびる大人がいるから、なめられてしまうのです。私は学校の講演で騒がしい生徒がいれば、壇上からしかり飛ばします。本来、それは教師の役目だ

と思いますけど、やらないですね。
――選挙のたびに、「候補者」として名前が挙がりますね。出馬要請を断っているのはなぜですか
野口　正直にいって随分、悩んだときもありました。今の日本では、政治が〝ダーティーなもの〟に見られがちですが、私はその意識を何とか変えたいと思っています。そのためには（議員を選ぶ）有権者の責任も重大でしょうね。選挙が、利権や〝ミーハー〟的な人気に左右されては困ります。
ただ、いわゆる「タレント議員」にはなりたくないし、バッジをつけていないほうが活動しやすいこともある。別に政治家だけが政治活動をするわけではありません。私は、「政治」を決してあきらめてはいけない、と思っているんです。そんな国は、国家としてどんどんダメになるし、国民も国に誇りを持てなくなります。

6

この「話の肖像画」のインタビュー記事に寄せられた読者の反響は大きかった。
野口はこのインタビューの中で、「現代の日本の若者たち」のあり方について、そ

して、そういう若者を育てた戦後日本の「大人」（社会）の問題点についても、大きな疑問を投げかけている。

これこそは野口が、遺骨収集問題に取り組む「原点」とも言える極めて重要なことだったのではないだろうか。

月刊『正論』2008年2月号に掲載された、カメラマン宮嶋茂樹氏との対談「去勢された若者たちに告ぐ」にも、こうしたくだりが出てくる。

――今の日本の若者を見ていると、どうも覇気が感じられない。志もない。モラルもマナーにも欠けているように見えます。

野口　僕は小笠原で環境学校をつくり、若者たちとよく接しているのですが、一番、感じるのは「生命力がない」ことですね。これは小笠原の海でシーカヤックを中学生たちにやらせたときの話です。カヤックを、浅瀬でわざとひっくり返すと、子供達の半分は何とか、自力で脱出してくる。でも残りの半分は、ただ海の中で逆さまになってパドルを持ったまま、じーっとしているだけなんです。「フリーズ」です。溺れそうになっているのにですよ。カヤックというのは自動的には元に戻りませんから、こっちが慌てて助け出しました。

彼らの多くは、自然の中での体験がゼロなんですね。木登りや、塀を上って、どきどきした緊張感を持ったこともない。だから、何かあったときに、すべてをシャットアウトしてしまうのです。危機に対応できず、ただフリーズしてしまう。つまり、必死になって生きた経験がないのです。ただし、彼らに能力がないか、と言えばそうではない。頭はいいんです。でも、頭でっかちで、言葉遣いもなっていない。僕は、中学生から「キミ」呼ばわりされ、「いい加減にしろ」と思いっきり怒鳴ったことがあります。そうすると彼はびっくりする。彼らには怒られた経験もないからです。時には子供の引っぱたくこともありますが、そんなことをすると親が抗議にくるんですね（苦笑）。

フィリピン・セブ島で

野口　かつて戸塚ヨットスクールは、あえて不安定にしたヨットで恐怖を体験させ、必死に生きることを感覚で教えていました。死を感じると、逆に生への執着が出てきますからね。結果的に、事故があってあんなことになりましたが、発想としては「あり」と思っています。こんなことをいうと、また「右翼的だ」と批判する人がいるけど（苦笑）。

自殺（の恐れがある）予備軍も含めると10万人はいる、と聞きます。以前、高校の未履修問題で、校長先生が首をつったことがありましたが、こんなことはイラクの人間から見たらまったく理解できないはずです。生徒に「自殺するな」と教えている校長先生が自殺してどうするんですか。自殺というものは、生きることに必死になっている国では少ない。自殺者が多いというのはある意味、日本が平和なことの象徴かも知れませんが……。

＊

野口　徴兵制イコール軍国主義じゃない。要するにシビリアンコントロールの問題でしょう。（徴兵制のある）韓国だって、スイスだって、軍国主義じゃない。韓国では著名な野球選手も、サッカー選手も軍隊へいく、タレントもそうです。そうした姿をみんなが尊敬しているわけです。あれを見て、日本の自衛官はうらやましく思っているでしょうね。徴兵といっても、国を守るために行っているのです。平和というのは夕ダじゃない。勝ちとるものなんです。

野口　国際社会で日本のプレゼンスが低下しているのは、国家の根幹をなす外交や国防を担う政治家や官僚がダメになっている部分もあるでしょうが、私は、「国民の問題」でもあると思います。例えば、国防の問題ですが、軍人のモチベーションというのは、「国民に期待されている、尊敬されている」という点に支えられていますが、日本はどうですか？　自衛官なり、防衛省なり、国防のために日々、汗を流している人たちへの感謝も尊敬の念も少ないでしょう。

私のじいちゃんは、旧軍の軍人から自衛隊に入った人でした。（戦前から戦中は）士官学校を出て、陸大を出て、とみんなが軍人に憧れたんです。それが、自衛隊に代わったら、「税金泥棒」呼ばわりですよ。親父はそうやって随分、学校で虐められたそうです。軍人というのは、いざとなれば国のために命を投げ打たねばならない。「名誉」とか精神的な部分に支えられている軍人がそんな扱いを受けたらきついですよ。「何をモチベーションにすればいいのか」ということになってしまいますからね。

野口　そういった意味で、国民側の問題でもある、といいたいのです。湾岸戦争のときに、海自が掃海艇を派遣しましたが、部隊が日本へ帰ってきたときに、テレビのニュース番組の著名な司会者が、それを茶化すようなコメントをしました。それを聞いた、自衛官の家族は、その司会者を殺したくなったそうです。そりゃそうでしょう。灼熱地獄のなかで、命がけでやってきたのに、茶化されたんですからね。こうした雰囲気の中で、自衛官の精神的なものが崩れていった部分もあると思うのです。国民が自衛官を尊敬していないのに、自衛隊だけに精神論を求めてもだめですよ。

それから、政治家の問題もあります。自衛隊の海外派遣に反対するために、かつての社会党らが国会で「牛歩戦術」というのをやりました。あのとき、私は高校生でイギリスに居たのですが、どれだけ悲しかったか。（湾岸戦争で）片や戦争で血を流しているのに、日本は牛歩ですよ。イギリスでも英語で「ＧＹＵＦＯ」と報じられていたから、イギリス人から「牛歩、牛歩」とバカにされました。日本は「いったいなんて国なんだ」とショックを受けたことを覚えています。

＊

野口　国を守るために必死でやっているのに、歓迎されないというのではつらいですよ。僕はこの3月（２００８年）にフィリピンへ遺骨収集に行きます。それはヒマラヤへ行ったとき、標高８０００メートルで悪天候のために何日も閉じこめられ、「もう死ぬしかない」と覚悟したことがきっかけでした。そのときに、戦争で亡くなった人たちは「何を思って死んで行ったのだろう」なんて考えたんですが、似たような状況になってみてやっぱり、「日本へ帰りたかったんだろうな」ってしみじみと思ったんですね。しかし、その人達の遺骨はいまだにその多くが現地に残されたままです。しかも政府の遺骨収集団は年々、規模が縮小されていると聞き、私が行くことを決心したのです。

ただ、私が行けるようになるまでは、なかなか大変でした。政府の遺骨収集団に加わることは難しいので、セブ島に事務所を構えて、活動を行っているNPOに協力を求めました。そこはゲリラが多い土地なんですが、彼らはゲリラに報酬を払い、ガイドをしてもらっているのです。だから逆に安心と言うわけですね（苦笑）。

野口　以前、シンガポールへ行ったときに、無名戦士の墓地を見たことがあります。イギリスやアメリカは芝生を敷いた、もの凄く立派な墓地があるのに、日本人のものはなかなか見つからない。やっと見つけたと思ったら、それは政府ではなく、遺族会や日本人会が寄付を集めてつくった小さなものでした。まったく英米とは扱いが違うのです。戦争へ行って亡くなった方々の大半は、国から「行け」と言われ、日本のために死んでいったのでしょう？　こんな扱いをする国はありませんよ。そんな姿勢の国のために、誰が命をかけるのか、ということです。私は、そのことが、自衛隊への扱いとダブってみえてくるのです。

私は、靖国神社にも行きます。すると、「野口は右翼だ」なんて言う人が必ずいる。日本のために死んでいった人たちをリスペクト（尊敬）できないなんて、どう考えてもおかしいことですよ。だから私は毎年必ず、靖国神社へ行くようにしているのです。

この『正論』での野口の発言には、彼の明確な国家観が現れている。「国のために命を投げ打った人たちを尊敬しない国（日本）」の異常さを指摘し、「それをしない国家のために今後、国民の誰が命をかけるのか（かけるはずがない）」というメッセージだ。

7

「話の肖像画」の記事に話を戻そう。この連載で最も読者の反響が大きかったのは遺骨収集問題を取り上げた回である。

その読者の中には、戦争に夫や父親を亡くした遺族が数多く、含まれていた。野口のような若い世代（30代半ば）が遺骨収集に真摯に向き合い、この問題に取り組もうとしていることに感謝する内容が目立った。

「野口さんの活動資金の足しにしてもらいたい。1人でも多くの遺骨を祖国へ帰してもらいたい」として、お金が添えられている手紙もあった。

送り主は70代から80代である。おそらく年金などの中からやりくりしてそのお金を送って下さったのか、と思うと、胸が熱くなった。野口にそのことを伝えると、感動をし、喜んでくれた。

野口には、「突破力」とも言うべきパワーがある。回りを巻き込んで、難しい課題を〝力わざ〟で乗り越えていく力だ。

その後、野口はその「突破力」を存分に発揮することになる。NPOのメンバーすら、「とんでもないことをしてくれた」と驚くことになる出来事を、野口はやってしまったのである。

「レイテ島へ行きたい」……２００８年10月・フィリピン

1

野口がやらかした「とんでもないこと」。それはＮＨＫ教育テレビの番組（２００８年8月放映）で「10月にフィリピン・レイテ島へ（遺骨収集に）行ってきます」と勝手に宣言してしまったことである。

そのとき野口は、１回目のフィリピン行き（２００８年3月）で行動を共にしたＮＰＯ法人の理事になっていた。2回目の渡比も当然、一緒である。野口のＮＨＫでの発言を聞いて、一番、驚いたのは、全体のリーダーでＮＰＯの役員であった。

しかし、公開の場（テレビ）で野口が喋ってしまった以上、行かないわけにはいかなくなった。テレビを見た視聴者から、ＮＨＫや野口サイド、ＮＰＯへの問い合わせが相次いだからである。

野口は野口で、レイテ島への強い思いがあった。激しい地上戦が行われたレイテ戦では約8万人の日本軍将兵が亡くなっている。約1万5000人が立てこもったカンギポット山ではひとりも帰らなかった。日本の敗色が濃くなった時期からは、もう組織的な戦闘はなく、敗走につぐ敗走、補給らしい補給もなく、多くは病死か餓死であった。地元ゲリラによる、掃討作戦によって、戦後亡くなったケースも多い。しかも、その遺骨の多くは未帰還のままなのだ。

「レイテ島のことはずっと気になっていた。2008年3月にフィリピン・ボホール島へ行ったとき、『この向こうにレイテ島があるんだな』と思ったものです。帰国してからレイテ戦のことを調べたら、極めて悲惨な戦いがあり、実に97パーセントが戦死したという。その遺骨はほとんどが残っている……。それを知って僕自身、ぐっと気持ちが入り込んでいくのを感じた。『行きたい』という思いが募り、つい喋ってしまったのです」

ただし、レイテ島はあまり治安がよくない上に、過酷な地形で道も悪い。日本人が遺骨を見つけるのは不可能に近いという。

ちなみに、野口が遺骨収集問題を取り上げて喋ったNHKの番組は、以前から定期的に出演していた「視点論点」であった。

戦争のことを否定的にとらえることが多いNHKが、よくその内容をOKしたものだと思うが、野口によれば、やはりNHK内部でも相当な論議があったらしい。

だが、野口が「遺骨収集の問題を話したい」と強く訴えると、最初は渋っていたディレクターも、まったくカットをせずに放送してくれた。異例のことである。活動を知って、資金援助を申し出てくれたスポンサーもあった。「それは、やらなくちゃいけないよね」と。野口の「突破力」がジワジワと力を発揮し始めたのである。

2

野口のNHKの番組を偶然、見ていた神奈川県横須賀市の女性(67)がいる。

女性の父親は、昭和20年7月、フィリピン・レイテ島ビリヤバで戦死している。物心がついたときにはすでに出征していた父親の顔は覚えていない。

「父が亡くなったところへ行ってみたい」と願っていたが、レイテ島へ行く観光ツアーなどほとんどない。そんなとき、テレビから「レイテ島へ行く」という野口の声が飛び込んできたのである。

女性は夫とともに、NPOに参加し、ついに父親が亡くなったフィリピン・ビリヤバの土地を踏む。

産経新聞に連載された「あなたを忘れない」から女性の記事を再掲しよう。

○……父の顔は写真でしかしらない。戦死公報には、「昭和20年7月17日時刻不明、フィリピン・レイテ島ビリヤバで戦死」とだけ書いてある。もちろん遺骨は帰ってこなかった。

「父が亡くなったのはどんなところだろう」

ずっと、レイテのことが気になっていた。だが、観光資源が少ないレイテに行く日本人向けのツアーなどめったにない。

あきらめていたところ、偶然つけていたNHKの番組で、アルピニストの野口健さん（35）が「（遺骨調査のために）10月にレイテに行く」と話しているのを耳にした。その遺骨調査を行うNPOに連絡を取り、開口一番、こう聞いた。「ビリヤバには行きますか？」と。

灼熱《しゃくねつ》のジャングルの前に、鮮やかなコバルトブルーの海が広がっている。道なき道を数時間かけて登っていくのは、60歳を過ぎた身には、さすがにきつい。熱さと疲労でくたくたになり、途中で歩けなくなった。

そのときである。父の声が聞こえた気がした。

母が持っていた父の写真

「よう来たな。よう、ここまで来てくれた」

持参した父の写真を飾り、線香を上げると、涙が止まらなくなった。

レイテ島では約8万人の日本兵が亡くなっている。敗走に敗走を続け、最後は食糧がなくなり餓死した兵も多いという。

父が戦死した正確な場所は分からない。遺骨を見つけても本人の特定は不可能だ。

それでも、「来てよかった」と思う。父は60年あまりも待っていたのである。「ずっと、父のことが頭から離れなかった。だって、私が思わなきゃ、誰が父のことを思うのですか」。

あの戦争ははるか遠くになり、遺族も高齢化していく。遺骨収集に対する遺族の思いもさまざまだ。

収容所で病死し、墓地に埋葬されているケースが多いロシアでは、戦友が埋めた場所を覚えており、DNA鑑定の結果、本人の遺骨と特定され、娘さんと〝60年ぶりの再会〟を果たした例もある。その一方で、世代が離れてしまった遺族から、「いまさら……」と遺骨や遺品の引き取りを拒否されることも。

今回のレイテの調査でも、遺骨の近くで、名前が入った水筒などが見つかった。「遺族に手渡してあげれば、どんなに喜ぶだろうか」と思う。だが、それを誰がやるのか？　一部の人の情熱だけでは、とてもまかないきれない……◯

女性の両親の永代供養灯は、母が長くお参りしていた高野山東京別院にある。そこでインタビューをしたとき、父が写っているモノクロの小さな写真を見せられた。母が長く大事に持っていた写真で、一枚しかないという。

「母が亡くなったいま、父のことを思うのは私しかいません。遺骨は帰らず、せめて私が父のことを思い続けなきゃ、父が可哀想です」。その言葉が胸に響いた。

女性と同じように、戦争によって「父の顔を知らない」という人は少なくない。記事が掲載された後、「同じ境遇にあります。ぜひ（女性と）お話しがしたい」というお便りも産経新聞に届いた。

記事に書いたロシアでの「60年ぶりの再会」についても触れておきたい。

ソ連軍（当時）によって強制的にシベリアに抑留された人は約60万人。酷寒の地での過酷な強制労働、食事らしい食事も与えられず、分かっているだけでその約1割が亡くなったという。

シベリアで亡くなった人の多くは、収容所近くの墓地に埋められた。だが、ロシア（ソ連）は平成3（1991）年まで、日本人の遺骨収集を認めなかったため、長い年月で墓地が荒らされたり、場所がよく分からないというケースもあった。

ところが、戦友や遺族の思いは、その年月以上に強かったのである。

福島県に住む元教師の女性は母親のお腹の中にいるときに父親が出征、戦後は、シベリアに抑留されて収容所で病気のために亡くなった。だから父親を一度も見たことがない。年頃になって、同級生たちが父親の話をするのを、羨ましく聞いているしかなった。

父親を埋葬したのは戦友のひとりだった。「いつかもう一度ここへ来て、必ず俺が日本へ連れ帰ってやるからな」と声を掛け、涙をこらえながら埋葬したのである。

平成の時代になり、ようやくシベリアでの遺骨収集が認められたとき、娘さんと戦友は真っ先に駆けつけた。その後、何度も現地に通い、最近になって、その収容所の場所に政府の収集団が派遣されることになった。

すでに80歳を超えていた戦友は、父を埋葬した場所を正確に覚えていた。「何列目の何番目だ」と。掘り出した遺骨と娘さんとの間でDNA鑑定を行った結果、まさしくそれは父であった。60年ぶりに奇跡の再会を果たしたのである。

白木の箱に入った父の遺骨を抱きしめると、ずっしりと重たかった。

「父に抱かれたことがない私だけど、私は父をこうして抱きしめることができた」。

その話を聞いて、私は涙をこらえることができなかった。

3

野口のNHKの番組を見て、10月のフィリピン行きに同行を希望したのは、前の女性だけではない。合わせて4人がNPOの一員として加わった。

一行は、レイテ、カモテス島を5日間かけてまわり、遺骨のある場所を調査した。このうち、レイテ島で実質的に遺骨を探せたのは3日間。確認できた遺骨は16体分。全体でも24体分にとどまった。

野口は、「自然環境が非常に厳しかった。気温が高く雨が酷い。遺骨のある場所にたどりつくまでに、ジャングルを5、6時間（往復）もかけて歩かねばならないこともありましたね。おそらく、ご高齢の参加者には相当きつかったことでしょう」と振り返る。

レイテ戦では、補給を断たれた上での餓死も多かった。遺骨が見つかった洞穴には、名前が書かれた水筒など、遺留品も残っていた。不発弾が遺骨と一緒に見つかったケースもあったという。

女性の父親が戦死したビリヤバでの調査も厳しいものになった。遺骨のある場所まで徒歩で約3時間。女性は途中で歩けなくなり、その場所で、持参した父の写真を飾り、線香を上げてお経を上げた。「よう来たな」という声を聞いたのはそこである。

野口はこのレイテで、改めて遺骨収集の困難を思い知らされことになった。

「レイテは8万人の日本人が亡くなっているが、集団自決はむしろ少なく、『ここに1人、あそこに1人』というようにバラバラになっている場合が多い。だから、かつて一緒に戦ったという戦友や遺族が行っても、見つけることはなかなか難しい。現地にネットワークを築き、現地住民の情報によって、組織的に捜さねば無理だ、ということがよく分かった」

NPOがセブ島などでやったのが、まさしく「その方法」である。

ただ、このままでは、セブ島だけでも、すべての作業を終えるのに3年はかかる。現地住民の信頼を得て、ネットワークを築き、効率的に有効な情報を集めるには、それだけの準備と根回しが必要だったからだ。

だが、「時間」との闘いは、否応なく決断を迫ってくる。年月がたてば、人々の記憶は風化し、有効な情報は得られなくなる。「ギリギリあと5年が限度」と見ていた。

野口の思いがけない発言で、レイテに行くことになったNPOの役員はこの後、思い切った「方針転換」を図ることになる。それは、野口の「突破力」に触発されたためだったのかもしれない。

4

2度のフィリピンでの遺骨収集調査を経験した野口は、「いまこそ行動しなければならない」という思いを強くした。それと同時に、国（厚労省）のやり方に、大きな疑問を抱くようになる。「国はあの戦争に、本気で向き合おうとしていない」という疑念だ。

産経新聞連載の「あなたを忘れない」（平成21年2月3日付け）の記事を振り返ってみたい。

○……「国のために命をなげうった人たちじゃないですか。国の責任で帰すのは当然のこと。国家としてのプライドの問題だ」

最近、いろんな機会をとらえて遺骨収集の問題を訴えている。NHKの番組で「話したい」というと、最初は渋っていたディレクターもカットをせずに放送してくれた。異例のことである。活動を知って、資金援助を申し出てくれたスポンサーもあった。「それは、やらなくちゃいけないよね」と。

昨年、超多忙のスケジュールを縫って、フィリピンへ2度、渡った。熱帯のジャングルの洞穴で、放置されたままの無数の遺骨を目の当たりにした。きれいな歯が残っていて、まだ20歳前後と思われる遺骨も多い。「故郷に帰りたかっただろうな」と思うと胸が詰まった。

海外での戦没者は約240万人。5人に1人強（約52万人）がフィリピンで亡くなっている。そのうち、祖国に戻ることができた遺骨は、いまだ約13万人に過ぎない。「激しい戦闘があったレイテ島では、約8万人が亡くなっている。補給もないまま、追い詰められて……。1万人が立てこもってひとりも帰らなかった山もある。その多くの遺骨が、いまだに帰っていないんです」

遺骨収集の問題は、〝時間との闘い〟でもある。戦後60年あまりが過ぎ、情報はどんどん少なくなる。「急がなきゃ」と思う。なのに、政府の遺骨収集事業ははかばかしい成果が挙がっているとは言えない。政府高官から〝幕引き〟を示唆する発言が飛び出したこともあった。

「あの戦争に正面から向き合っていないと思う。こんなことでは今後、国のために命をかける人はいなくなる。政治の力で『絶対に連れて帰るんだ』という意思を示してもらいたい」

かつて、富士山やエベレストのゴミの問題に取り組んだときも、最初は冷ややかだった。だがいろんな場所で深刻さを訴えて協力を呼びかけ、今では大きなムーブメントになった。

「僕の役割はできるだけ多くの人に『伝える』こと。ほとんどの国民は遺骨収集のことをよく知らないのです。でも、反響は思ったより凄い。確かな手応えを感じてますよ」

昨年末、遺骨収集事業が民間にも開かれる道筋ができた。この3月、自分の手で遺骨を帰すべく、今一度、フィリピンへ向かう……○。

遺骨収集事業の〝幕引き発言〟とは、平成17年、当時の厚労相が「数年後の〝幕引き〟」を示唆したものである。

昭和27年度に始まった国の遺骨収集事業は、50年度をピークに収集柱数が減り続け、国側や一部の関係者にはこの時期、遺骨収集事業にはピリオドを打ち、遺族による慰霊巡拝事業や慰霊碑建立事業に軸足を移したいという、思惑があったと見られる。

派遣団の主力となっていた戦友会や遺族会は高齢化が目立ち、すでに「有力な情報」を得るのは難しい。派遣団は形骸化し、現地での表敬訪問など公式行事ばかりが目立つにようになっていたのである。

「昭和26年ぐらいまでは、遺骨収集をやるのが当たり前の時代だった。その当時は、戦争経験者がたくさんいたが、いまはほとんど残っていない。『日本人が何とかする』と言う状況にないのに、厚労省は昔ながらのやり方に固執している。このままじゃ、おいつかない。死ぬまで無理ですよ」

野口も憤りを隠さない。「遺骨収集というのは、役人に言わせれば、決して現在進行形じゃない。ある意味終わっている話なんでしょうね。戦没者は声を出せません。どこかで終わりにしたい、と思っている。でもその姿勢は、戦争に正面から向き合おうとしていない証拠。国のために亡くなった人を国の責任で『絶対に連れて帰る』という強い意思がどこにも見られない。時間をかけてやってる場合じゃないんです」

7

政治家というものは「世論」に弱い。世論が沸騰すれば、いつの間にか、〝先頭に立っている〟というのが政治家である。

遺骨収集の問題は、国民の関心が決して高いとは言えなかった。それはメディアの問題でもある。メディアが報じないから、国民は情報に触れる機会がない。

ちなみにアメリカの場合は、戦没者の遺骨が故郷に帰るときには、「ナショナル・ヒーロー」として盛大な歓迎セレモニーが開かれ、地元メディアは大々的に報じている。

だから、アメリカ軍は、莫大な予算と人員をかけて徹底して戦没者の遺体・遺骨の捜索を行う。たった1人の遺骨を捜すために、大量のスタッフを硫黄島に送り込んだこともある。こうした行為があってこそ、現在、命をかけて国を守っている「現役」の士気が高まるのだ。

野口の日本政府の姿勢に対する疑問もまさにそこにあると言っていい。先の大戦の戦没者の遺骨収集事業の〝幕引き〟を企図したり、自衛隊を嫌悪する一部政治家や一部国民の姿勢を見て、「今後、国のために命をかける人が出てくるだろうか」というのだ。

野口らは、こうした国の〝サボタージュ〟とも言える動きに憤慨し、自分たちの手で「ひっくり返す」つもりだった。

野口は、この活動に取り組むようになってから「手応え」を感じていた。

「反響は思ったよりも凄い。マイナスにとらえる人は少ないし、スポンサーも共感してくれた。多くの人は知らないだけ。『そんなことがあったのか、やらないといけないよね。このままでいいの？』と。若い人だけじゃなく、中年も知らない。基本的な情報を知らないのです」

こうした野口の「感覚」は鋭く、よく当たる。いまや大きなムーブメントとなった「環境問題」も最初は誰も感心を持っていなかった。それに〝火をつけた〟ひとりが野口である。

遺骨収集問題も、この1、2年で火をつけて、ムーブメントにしたい。野口はそう思っていた。

「この問題に『右』も『左』もない。『悪』か『正義』か？ でもない。あの戦争を評論するものではないのですまた、『国』だけでも『民間』だけでもやれる問題ではない。ただ『時間』がないのです」

それには政治家が声を上げねばならない。世論が湧けば、政治家は動く。「突破力」と「知名度」がある野口の出番である。実際、ＮＨＫでの発言は、少なくとも〝歯車〟を2つか3つは進めたはずだ。

「まだ、政治家が動くところまでは行っていない。でも、『ボディブロー』のようにジワジワ効いてきているとは思う。政治家が動けば、いろんなことができるようになる。もう少しだ。私利私欲なく、輪を広げていけば、必ずムーブメントになる。そのために僕たちが『伝えて行くこと』こそが重要なんですよ」

野口は２００９年3月に、今一度、フィリピンに行くことを決めていた。帰国翌日にヒマラヤへ向かうという超ハードスケジュールである。それでも何が何でも行かねばならない。そして今度こそ、「遺骨と一緒に日本へ帰国する」決意であった。

〝3度目の正直〟で遺骨と帰国　2009年3月・フィリピン

1

ＮＰＯを中心とする派遣団は総勢9人。3月17日に日本を出発し、セブ、カモテス、レイテ、ルソン島で遺骨を収集した。その中には、昨年10月の派遣で発見しながら、持ち帰れなかった4カ所の遺骨も含まれていた。セブ島の山中では、旧１０２師団司令部があった場所で１１９体が見つかった。１日間で村人が70人がかりで見つけたという。

レイテ島に近い小島・カモテス島の海岸近くでは、砂に埋まった大量の遺骨が見つかった。レイテ島から逃れてきた大量の日本兵が船で着いたところを撃たれたらしい。

野口が砂を掬ってみたら、いくつもの遺骨が掘っても掘っても出てくる。

「頭蓋骨がそのままの形で残っていた。それを取り上げてみたら、ボロボロと崩れてしまう。いったいどれぐらい埋もれているのか……。まさに夥しい数だった」

さすがに、この派遣団の体制では、すべてを収集することができず、このカモテス島の海岸の遺骨収集は次回に持ち越すことになった。

これを除いてもこの派遣では、全体で「419体分」が収集された。事前の打ち合わせ通り、帰国直前に厚労省の収集団が来てともに焼骨式を行い、マニラの日本大使館の了解を得て、3月25日夜、野口らは遺骨と一緒に日本へ帰ることができたのである。

野口にとっては「3度目の正直」であった。昨年3月、10月の渡比では、数多くの遺骨を目の前にしながら、日本へ持ち帰ることができず、涙を呑んで帰らねばならなかった。今回は違う。自分たちの手で、「国のために亡くなった人たち」を連れて帰ることができたのである。

ところが、野口は、日本へと向かう飛行機の中で落ち着かなかった。〝一緒に帰る〟のは、日本を出るとき、「お国のために役立って来い、立派に死んで来い」と盛大な見送りをされて送り出された人たちである。

それが、60数年ぶりに祖国へ戻るのだ。だれも出迎えず、ひっそりと、まるで「罪人」のように帰国するのでは、あまりにも酷すぎるし、あまりにも寂しい。

間の悪いことに、ちょうどそのとき、ワールド・ベースボール・クラシック（WB

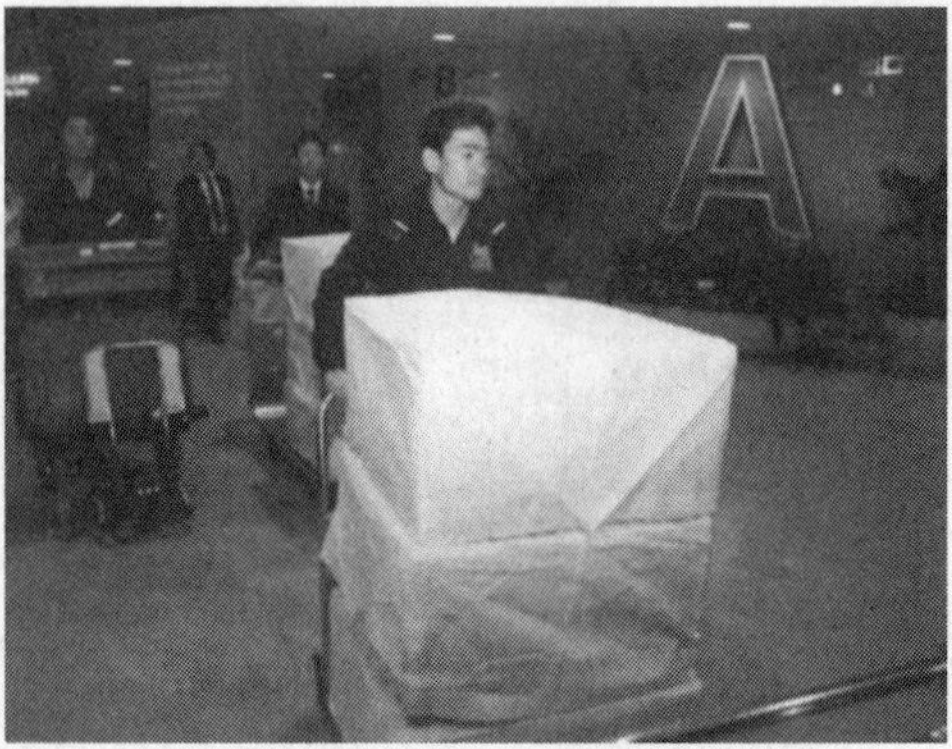

はじめて遺骨とともに帰国（成田空港ロビー）

C）で優勝した日本チームがアメリカから凱旋帰国する便が直前に成田空港へ到着することになっていた。
「きっと到着ロビーはWBCナインを出迎えるファンで大騒ぎになっているだろう。その後に誰も居なくなってしまったら……と思うと、心配でしょうがなかった」

　野口の心配は杞憂に終わった。419体分の遺骨とともに、野口らが到着ロビーに現れるのを、多くの関係者やメディア関係者、一般の人たちが温かく迎えたのである。

　白布に包まれた遺骨を納めた箱を押して野口に向けて、いくつものメディアのカメラが向けられた。野口はホッとしたのと同時に、目頭が熱くなった。

戦没者たちは再び、晴れて懐かしい祖国の土を踏むことができたのだ。そして、それを迎えてくれる人たちがいる。

「お帰りなさい。お疲れさまでした」と。

2

成田空港近くのホテルで行われた帰国の記者会見には、野口や、厚労省の政務官、遺骨収集事業を担当する官房審議官、そして、与野党の多くの国会議員が顔をそろえた。まさしく、異例のことである。

野口が今回の派遣の活動内容を説明しようとしたとき、ちょっとした〝異変〟が起きた。

マイクを持って発言していた野口の言葉が突然詰まり、続かなくなったのである。何度も何度も話をしようとするのだが、感極まって言葉がでない。身体が小刻みに震え、目が赤い。メディア側も驚いた。時間にすれば、30秒だったか、1分だったか……。

「いろんなことを思い出してしまって……。とくに、空港での温かい出迎えのことが目に浮かんで、ジーンときたんです。あれは本当に嬉しかった。だけど、まだまだ遺骨は残っている、まだまだ帰りを待ちわびている人たちがいるんだ」と。

野口らの熱気に突き動かされたのか、記者会見ではメディアの質問がいつまでも止まない。午後9時に始まった会見が終了したのは夜更けの午後11時過ぎだった。記者会見での主なやりとりを紹介してみよう。

○……**野口** NPOのメンバーとして、昨年の3月、10月から、活動は調査から始まった。フィリピンは非常に現場が大変なところにある。遺骨がある場所は基本的に山の中やジャングルの洞窟。とても暑いし、マラリア蚊もいる。また、治安が安定していないので、ボディーガードをつけなければならない。

3月、10月のときは、こうして苦労をしてやっと遺骨を発見しても、持って帰ることができない。それが最もつらいことだった。ただ、「鑑定が必要だ」と言われても、きれいな状態で残っている遺骨は少ない。どれだけ厳密に鑑定をできるのか？ という疑問があった。いずれにせよ、発見しても持ち帰らないというのは納得できなかった。

今回は、やっと一緒に帰ること出来た。ただ、空港では正直、どういうふうに出迎えられるか？ シーンとなるのはしんどいな、と不安だった。でも、メディアもたくさんきてくれて、やっと晴れて帰ってこられたという思いは強かった。

でも、遺骨はまだまだたくさん残っている。カモテス島の海岸ではかなり……（言葉に詰まる）。

今回は何とか一緒にかえることできた。でもまだまだ待っている人がたくさんいる。遺骨は「声」を出せない。でも、日々その「声」を感じる。ずっと祖国への帰りを待っていた人たちの声だ。「俺たちは60年も待っていたのに、おまえたちは帰るのか……」と……○。

5

記者会見での話は今後の活動にも及んだ。遺骨収集事業について、NPOのような民間団体にも民間にも道を開いた今回の方式は「今後の指針」となるのか？　また従来の方法ではなぜダメなのか？

特に、驚異的な実績を上げた「新方針」を果たして、国（厚労省）が公式の場で容認するのか？　厚労省の見解が注目された。

○……――これから、どう活動を続けていくのか？

NPO役員　10月に全島調査やり、活動を広げていく。ただ、NPOだけでは資金の限界があり、国の協力も得たい。

野口　国とかNPOだけの問題じゃなくて、すべての日本人にかかわってくる問題だ。今後は基金を立ち上げて、それをきっかけに多くの方にこの問題を知ってほしい。現実を見てもらいたい。その上で政府とも連携しながら、解決して行く問題だ。

そういう意味でも今回、国会議員、厚生省、NPOが一緒に会見した意味は大きい。NPOとしてはこれから1年で2500体分の遺骨の収集を目標にする。活動は今後5年が勝負だろう。現場へ行っても情報がなければ遺骨は見つからない。地元職員、事務所のネットワークを整備し、本当の情報が入ってくるような体制を作るのが急務だが、当時を知っている人はもう80代の半ば。だから5年なのだ。正直に言えば、時間がない、あせっている。政府、マスコミも協力して欲しい。そして活動には資金がかかる。だからこその基金化だ。

――「遺骨収集は政府の収集団が行う」という原則は変わるのか？

厚労省政務官　今回、現実に419柱が収集された。その多くはNPOの力であることは間違いない。今後、政府としても連携をして行くし、これ以外のNPOとの連携もありうる。それは「時間がない」からだ。

これまで厚労省もフィリピンで事業を行ってきたが、治安上、入りにくいことがあった。だが、NPOは、逆にゲリラから情報を貰う。現場の話を聞きながら、危険を冒してもルートを作ってこられた。政府として協力できることはやっていく。これはフィリピンだけでなく、他の地域や国内の硫黄島でも同じ事。政府としてできる限りの対応をしてゆく考えだ。

官房審議官　遺骨収集事業は、これまでずっと政府の直轄でやってきた。ただ、正直言って、試行錯誤や躊躇があったのは事実だ。今後は少し〝交通整理〟をした上で、きちんとした枠組みを作り、調整する作業が必要だ。「役割分担」をはっきりしていく。

遺骨収集は「あくまで国の責務としてやっていく事業である」というのが原則なのは変わらない。そうはいっても国だけではできない。こころざしを持って熱心に活動されている民間団体とうまく連携していけば、さらに成果が上がるだろう。

事業には大まかに言って2つの役割がある。事業を実施していく上で、海外との関係、例えば2国間の外交、現地の理解を得ること、最終的な遺骨の判定など、国が責任をもってやってゆくべきことはしっかりやる。

一方で、その前の情報収集や情報の処理。また、収集作業についてもこれまでは、政府でやっていたが、今後は、一定のルールの下でNPOにやってもらう。ただ、まだまだ試行錯誤の繰り返しで、もっともっと話し合いが必要だ。すべての地域で、いろいろと協議を進め、全体として成果が上がる方法を考えたい。

——なぜ従来の政府のやり方では遺骨収集が難しくなってきたのか?

官房審議官 ひとつは政府の派遣団の主体となっている情報源の問題だ。遺族会、戦友会が中心となってきたが、新しい情報が少なくなっていたのは事実だ。今後、情報収集は、現地に密着して踏み込んでやる必要がある。

国も平成18年度から「情報収集事業」をスタートさせ、フィリピンやソロモン諸島、東部ニューギニアの地域で、現地に強いコンタクトもっている民間団体に「情報収集」を委託している。

野口　これまでは、遺族会や戦友会が中心になってきたが、時間がたつと記憶があいまいになる。情報収集は地元のスタッフを動員する仕組みが必要だ。そうしないと遺骨は発見できない。ＮＰＯの実績が上がったのは地元スタッフを動員して組織的にやったからだ。

「新方式」はひとつのモデルケースになるだろう。遺骨収集はフィリピンに限らない。こうした国と民間の連携がモデルケースになり、他の地域でも参考になるのではないか。そのためにもまず、フィリピンで徹底的にやる。

政務官　「思い入れの差」というものがあるのではないか。政府も一生懸命やったが、遺骨収集の数はだんだん減ってきた。そうした状況の中で、ＮＰＯは地域に入り、これだけの実績あげた。そのやり方を政府は素直に聞いて、どう協力できるのか、考えたらいい。もちろん、「政府の責任でやる」という基本は保つ。その上で、いろんな方の協力を得る。きちんと予算も取る……○。

記者会見での厚労省の見解は、かなり踏み込んだ内容だったと言ってもいい。政府の派遣団の実績が近年低迷している理由を、「情報の不足」と認めた上で、ＮＰＯのやり方を参考にし、連携すべきところは連携すべきだとしている。あくまで、遺骨収集事業は「政府の責任でやる事業」という原則は崩さないものの、これまで政府の派遣団だけが行っていた「遺骨収集」は、一定のルールの下で、民間団体の参入を容認する——といったことを初めて公式の場（記者会見）で認めたのである。

6

記者会見ではこのほかにもうひとつ、厚労省側の注目すべき発言があった。平成17年に当時の厚労相が行った遺骨収集事業の「幕引き発言」の全面否定である。「事業の幕引きはないと考えていいのか？」という記者の質問に厚労省の政務官は「そう考えている」と明言。当時の厚労相も国会答弁の中で、「期限はつけない」と答えた。

遺骨収集への民間の参入を容認した「新方式」が驚異的な実績を上げている、と言ってもまだまだ端緒についたばかりである。

限られた時間の中で、帰りを待っている遺骨は限りなく多いのだ。

自民党衆院議員である厚労省の政務官は、「国会議員が動けば、世論が喚起される。たとえ財務省が反対しても、我々が『予算をしっかりつけよ』と声を出せばいい。それが国会議員の仕事だ」という。

野口はそれを、「国としての決意の問題」と言い切った。

「国の責任で帰すのか、という決意があるかどうか。それが試されている。国のために亡くなった人を粗略に扱う国は先がない。やがて滅びてしまうだろう。だれも国のために命をかけようと思わなくなるからだ」

「今後5年間が大事になる。人員、予算を〝集中投下〟して国民運動にする。ただし決して5年で終わりではない」

NPOが創設する基金の目標金額は12億円。そのお金で、フィリピン全島に遺骨の仮安置所を設け、地元の人たちに遺骨を集めてもらう。自動的に遺骨が祖国へ帰る体制をつくることが出来るのだという。

英霊は愛する家族を守るために、日本という国を残すために命を投げ打った。そして「いつかだれかが迎えにきてほしい」という思いを胸に遺骨の地で待ち続けている。

2008年3月、野口が初めてフィリピンへ遺骨調査に行ってから約1年半。道程はまだまだ遠いだろう。だが、野口の「突破力」、役員らの熱意と確かな戦略で遺骨収集事業が大きく変わり始めたのは間違いない。

この問題は、関係者や国家だけが行うのでは成果は上がらない。もしも、あなたの愛する家族が当事者だったらどうだろう？「国民全体、日本人全体の問題として受け止めることが大事」（野口）なのだ。（文中敬称略）

第二章　課題

「すべての兵士を故郷へ帰す」アメリカ

1

「国のために命を投げ打った人を国の責任で帰すのは当然。国家としてのプライド、決意の問題だ」というのはアルピニストの野口健（35）の言葉である。

戦没者のために、世界の多くの国では、広大な土地を使って立派な国立の墓地が設けられており、他国の首脳が、その国を公式訪問した際には、こうした施設にお参りし、献花するのが恒例だ。

先の大戦などで命をかけて戦った日本兵たちにとっても、亡くなったら神となって靖国神社に祀ってもらえる、というのが「心の支え」ではなかったか。その心情を思うと、「靖国問題」に対する現在の日本政府の対応は、英霊の〝裏切り〟と言ってもいい。

中国や韓国から何を言われようが、「戦没者の慰霊」をどう行うか、は日本自身の問題である。こうした政府の〝腰の定まらない姿勢〟が、遺骨収集問題への対応にも現れているのだ。

その意味で、〝世界の警察〟を自任するアメリカの対応は、「日本の対極」にあると言えるだろう。

第二次世界大戦後も、朝鮮戦争、ベトナム戦争、湾岸戦争、アフガン戦争、イラク戦争……と、世界のどこかで戦争を続けているアメリカにとって、「戦没者の慰霊」を疎かにすることは、軍のみならず国民の士気にかかわる。

自分が戦死した後に、国民から尊敬もされず、粗略な扱いを受けると知ったら、誰が国のために命を捧げるだろうか。志願兵はいなくなり、軍が維持できなくなるのは目に見えている。

だからこそアメリカは、「すべての兵士を故郷へ帰す。約束は必ず守る」を合言葉にして、行方不明者や戦死者の遺体（骨）の捜索・回収を徹底して行う。

そして、遺体（骨）が故郷の街へ帰ってきたときには、「ナショナル・ヒーロー」として、盛大に迎えられ、地元メディアも大々的に報じることが慣わしになっているのだ。

アメリカ軍には、そのための専門組織が置かれている。軍の作戦行動中に戦死、行方不明になった兵士の捜索や遺体回収、身元確認、遺族への返還を専門的に行う「ＪＰＡＣ」だ。陸、海、空、海兵隊４軍の統合組織となっており、その傘下に遺体の回収、身元鑑定を担当する実動部隊「ＣＩＬ（Ｃｅｎｔｒａｌ Ｉｄｅｎｔｉｆｉｃａｔｉｏｎ Ｌａｂｏｒａｔｏｒｙ）」が置かれている。

そこでは約４００人の専門スタッフが常時、世界中に出張し、たとえ〝たったひとりの兵士の遺骨〟を捜すためであっても、必要な人員と予算をかけて徹底的に任務を遂行する。そして、今度は科学的な検証を行って身元を特定し、愛する家族が待つ、懐かしい故郷へと送り届けるのだ。

この〝遺骨収集のプロ集団〟とも言える「ＣＩＬ」には、かつて、日本人の研究者が研修生として在籍したことがある。そのひとりを取材した産経新聞連載「あなたを忘れない」（平成21年2月10日付け）を再掲する。

○……アメリカには、軍の作戦行動中に戦死したり、行方不明になった兵士の捜索や遺体回収、身元確認、遺族への返還を専門的に行う4軍の統合組織（ＪＰＡＣ）がある。その傘下にあって遺体の回収、身元鑑定を担当する実動部隊がＣＩＬだ。

第二次世界大戦から、イラク戦争まで、「すべての兵士を故郷へ帰す」を合言葉に、世界中にチームを派遣し、遺体（遺骨）を見つければ、CILの専門家が科学的に身元鑑定を行い、遺族へ引き渡す。

その徹底ぶりは関係者の間でつとに有名だ。たった1人の遺骨を探すために、硫黄島に多人数のチームを送りこんだり、ドーバー海峡が干潮になったときに泥を全部吸い上げて、遺骨を捜索したこともある。

そのCILで、研修を受けた40代の日本人がいた。

彼は、太平洋・ウエーキ島でCILが見つけた旧日本軍兵士とみられる遺骨の鑑定に加わり、「レベルの違いを思い知らされた」と打ち明ける。

遺骨は、3体分が個別に埋葬されており、日本海軍の下士官用のバックルが一緒に見つかった。歯の治療痕もあった。米軍には、第二次大戦以降のすべての行方不明兵士の歯科記録が残されており、DNA鑑定も行って、身元を特定する。

CILのスタッフから、「当然、キミたち（日本）もそこまでやるんだろう」と言われたが、日本にはそんな力量も予算もない。結局、身元不明者として、千鳥ヶ淵戦没者墓苑へ葬られるしかなかった。

「CILは予算も人も投入して、〝当たり前のこと〟としてやっている。アメリカで戦死者はヒーローだが、日本ではいまだに〝日陰の身〟。認識の違いはあまりにも大きい」

日本にも、CILのような専門家のチームがつくれないのだろうか？　残念ながら現時点での答えはNOだ。

日本の場合、遺骨収集事業は厚生労働省外事室が担当している。多数の実動部隊や装備を持ち、専門家も擁している防衛省・自衛隊は国内の硫黄島での一部の業務を除き、基本的に遺骨収集事業にはタッチしていない。拉致問題のように、「内閣府に省庁の枠組みを超えた組織をつくるべきだ」という声もあるが、実現の見通しは低い。だが今後、海外派遣が常態化している自衛隊で多数の犠牲者が出た場合などには、どう対処するのだろう。

国家のために命をかけた人の慰霊をおろそかにしては、現役の士気にかかわる。だからこそアメリカのCILは、徹底して任務を遂行しているのだ……◯

まさに日本とは〝天と地〟ほどの違い、差があると言っていいだろう。

「始終、世界中で戦争をしているアメリカと日本と、では事情が違う」という声も確かにある。また、プロパガンダ（宣伝）という側面も確かにあるだろう。

だが、問題の本質はそんなところにはない。「戦前、戦中のことは知らない、関係がない」とばかりに、見て見ぬふりをする一部政治家や官僚、そして国民の姿勢が問われているのではないのか。

戦争に負けても、日本という国がずっと続いているように、戦没者の家族の心情もまた変わらないのだから。

2

産経新聞連載では触れられなかった「CILで研修した研究者」の話をもう少ししてみよう。

この研究者がCILで研修中、太平洋のウエーキ島でCILが見つけた旧日本軍兵士とみられる遺骨の鑑定作業に加わったことは連載記事で触れた。

CILでは、戦没者の遺骨の身元を特定するためにありとあらゆる科学的方法を駆使する。遺留品の分析や歯の治療痕はもちろん、DNA鑑定も使う。

日本の場合、遺骨収集事業で見つかっても、身元が判明するケースは稀である。ロシア・シベリアなど、墓地に埋葬され、身元が特定しやすい場合は、希望に従って家族・親族の試料との間でDNA鑑定を行うことがあるが、戦闘中に亡くなったケースが多い南方などでは、身元確認作業はほとんど行われていない。

日本にはCILのような専門家チームもなければ、予算も限られている。そして何より、「身元確認を行う気がない」のだ。

この研究者は、CILからウエーキ島で見つかった3体分の日本人と見られる遺骨を見せられた。「なぜ日本人らしいと分かったか」と言えば、歯の治療の痕が、日本式のやり方で行われており、遺留品として、旧日本海軍のベルトのバックルも見つかったからだ。

ところが〝その先〟へ進めない。

アメリカ軍の場合、第二次大戦後のすべての兵士の歯の治療記録が残されているが、日本軍には、そんな照合資料が、まともに残っているはずもない。防衛省は旧日本軍のことを一切引き継がず、遺骨収集事業は厚生労働省の担当なのである。

結局、ウエーキ島で見つかった3体分の遺骨は、日本の在外公館を通じて、厚労省へ引き渡され、身元が分からない戦没者が眠る千鳥ヶ淵戦没者墓苑へ納骨されたこともすでに述べた。

だが、もっと遺骨の身元確認が容易と思われる場所でも、日本政府は、十分な努力を怠っていると思われても仕方がないケースがあるという。

例えば、南方のある島の場合、(遺骨が見つかった)塹壕に籠もっていた部隊は特定できるし、兵士の名簿もある。決してほかの集団は入り込まない土地だ。万年筆、印鑑など、遺留品もたくさん出てくる。ある関係者は「身元確認はやろうと思えば、ある程度はできるのではないか」と打ち明ける。だが実際にはなかなかその先には進まない。

厚労省には、もとよりそんな力量も予算も人員もない。そして、何より政府に「身元確認を行う」という意識がなければ、CILのようなスキル(技術)やノウハウはいつまで経っても蓄積されないのだ。

これを「過去の戦没者の話」と片づけるわけにはいかない。日本にとって実は〝現在進行形〟の話だからだ。

近年、自衛隊は国連の平和維持活動に参加する形などで、世界中に派遣されるのが常態化している。政府がいくら「紛争地域ではない」と強弁しても、それが現実と大きくかけ離れていることは子供でも知っている。

そこでもしも自衛隊員に多くの犠牲者が出た場合、政府は防衛省はどう対処するのだろうか? 犠牲者の遺体(骨)の回収、身元の確認作業を、他国軍に御願いしてやってもらうのだろうか?

防衛省・自衛隊にとっても決して無関心ではいられないはずだが、残念ながら、現時点でこのテーマに組織的に取り組んでいる気配は見られない。

ＣＩＬで研修した研修者は、「とりあえず自衛隊の中に、『人的被害対処チーム』のような組織を作ったらどうか」という。自衛隊には、さまざまな実働部隊があり、専門家も多数、擁している。

常設組織ではなく、普段は部隊や病院で勤務しているチームを要員を、必要に応じて召集する。年に数回、訓練を行うだけだから、費用もそれほどかからない。

そしてさらに〝一歩進めて〟戦没者の遺骨収集事業にこのチームを派遣したらどうだろう。どこの国でもこうした業務は「軍の仕事」である。部隊も専門家も抱えていない厚労省がやるより、ずっと成果が上がるはずだと考えるのは自然だ。

要は「国のやる気の問題」である。

この研究者には、忘れられない光景があるという。ＣＩＬには、約２００人のスタッフが仕事をしている研究所（ラボ）があり、建物はガラス張りになっている。そこにアメリカ中の高校生がひっきりなしに見学にやってくる。アメリカでのＣＩＬの「存在」がよく分かろうというものだ。

研究者は嘆く。「（遺骨収集事業をめぐる）日本の現状は非常に厳しい。いつになったらアメリカに追いつけるのか？　というよりも『追いつこうという意識』自体もあるのかどうか……」

その上で、「日本兵と思われる遺骨があるなら、何年たっても遺骨収集に行くべきだ。決して野ざらしにすべきでない。このままでは『靖国で会おう』という約束が果たせない。日本人として放っておくわけにはいかないでしょう」と語気を強めた。

すそ野を広げ「国民運動」に

○……「僕と同じくらいの年齢の若者が、酷寒のシベリアで重労働をさせられ、病気や飢餓のために亡くなった。そのことを後世にしっかりと伝えなければ」「私は衝撃を受けた……後頭部を銃で撃たれたり、解剖のために頭部を切断されたであろう、ご遺骨。故郷に帰れなかった悲しみはどれほどだったろう」

ＮＰＯ法人「ＪＹＭＡ（旧日本青年遺骨収集団）」は、昭和42（１９６７）年の発足以来、のべ約１５００人の大学生らを、遺骨収集事業の政府派遣団に送り出してきた。派遣回数は約２５０回、持ち帰った遺骨は約15万柱に及ぶ（※数字はいずれも平成21年の単行本発刊当時）。冒頭の言葉は、遺骨収集に参加した若者たちの感想文である。

彼らは、ごく普通の現代の若者たちだ。最初は、遺骨収集のことはもちろん、戦争についてさえ詳しく知らなかった学生も少なくない。偶然インターネットで活動を知ったり、学生同士の口コミで、事務所に連絡してくる。最近は女子学生も多い。理事長の赤木衛《まもる》（44）自身もかつては、そんな学生のひとりだった。

ＪＹＭＡのメンバーたち

「昔はね、『海外へ行けるから』という動機もありました（苦笑）。ここ数年、参加者は、ほぼ横這いですね。今年度は約60人のうち8、9割が大学生です」

政府の派遣団は、厚生労働省職員、遺族、戦友などで構成される。若い彼らに期待されるのは、もっぱら〝肉体労働〟だ。熱帯のジャングル、洞穴に入り、汗まみれになって遺骨を掘り出す。今や肉親の死にさえ、立ち会うことが少なくなった若者たちにとって、「命」を考え、先人の思いや苦労を知る貴重な機会なのだ。

ただ、現在の制度では、若者たちも政府の派遣団に参加する以外に、遺骨収集を行う手段はない。フィリピンでは民間でも収集ができる方法に道筋がつけられたが、他の国では以前と同じだ。

戦後60年あまりが過ぎ、派遣団の主力となっていた遺族、戦友たちが高齢化してゆくなかで、政府の派遣団は近年、思うような成果を挙げられないでいる。また、「現地での公式行事が多過ぎて実際に作業をする時間が少ない」など、官僚組織ゆえの制約や無駄を指摘する声も少なくない。

「情報は今もないわけじゃないんです。肝心なのは、今後、限られた予算をどう有効に使い、誰が先人の慰霊を担っていくのか？　ということですよ」

アイデアはある。防衛省・自衛隊の参加やアメリカのＣＩＬのような専門チームの創設。そして、ＮＰＯ法人のような民間団体に幅広く門戸を開くことだ。

「いつかは政府が『遺骨収集事業をやめる』という時期がくるかもしれない。でも、そこに、ご遺骨が残されているという『現実』と、『やりたい』という若者たちがいる限り、われわれは民間として続けていきますよ」……◯

産経新聞「あなたを忘れない」の連載で、ＪＹＭＡと理事長の赤木を取り上げた回（平成21年2月12日付け）だ。

学生時代から長く、遺骨収集事業に関わってきた赤木は、最近の政府派遣団のやり方に危機感を抱いていた。このままではいずれ、事業が立ち行かなくなると思うからだ。

政府の派遣団はずっと、戦友や遺族が主力になっていた。ずっと、彼らの「情報」を頼りにして、遺骨収集が進められてきたのである。もちろん、JYMAの若い大学生らも派遣団の一員として参加するのだが、彼らに期待されるのが基本的に「肉体労働」であることは、記事にある通りだ。

政府の予算や人員に限りがある以上、無制限に派遣団を出すわけにはいかない。事前に調査をし、「確度の高い情報」と判断されて初めて派遣される。

ところが、年月の経過とともに、「確度の高い情報」は少なくなっていくのは当然のことだ。残念ながら、戦友や遺族らの〝昔の情報〟では、十分な成果が上がらなくなってきたのである。

政府の派遣団に対しては、〝お役所ならでは〟の硬直した体制や対応を批判する声も少なくない。

まず、公式行事が多い。相手国へ行けば、要人への表敬訪問などで時間を取られ、実際に遺骨を捜したり、掘ったりする時間がどんどん削られてしまう。

メンバーの人選についても、批判が聞こえてくる。派遣団に、その地と〝縁もゆかりもない人〟が入っていたり、言葉は悪いが、まるで〝大名行列〟か〝慰安旅行〟と見まちがうような派遣団もあるという。

政府の派遣団に加わるしか、遺骨収集を行う道がないのに、これでは「選定の仕方が公平でない」という指摘だ。

記事の中で赤木は、「誰が先人の慰霊を担っていくのか？」と問いかけている。「このまま『官』だけに任せていていいのか？　『官の仕組み』で、『官の時間』でいいのか」という疑問だ。

では、誰がそれを担うのだろうか？　赤木は「官を含めた国民運動にしたい」という。「もはや〝若い世代〟に受け継ぐときだ」とも。

日本の場合、遺骨収集事業は「ずっと受動的」に行われてきた。「あの場所に遺骨があるから、ぜひ遺骨収集に行ってほしい」という遺族や戦友の声を受けて、政府の派遣団が出される。それは今も昔も変わりはない。ただ戦争の記憶が鮮明に残っていた昔は、今よりも「何とかしてくれ」という声が多かった。だから、政府の派遣団が出され、多くの遺骨を持ち帰った。

だが、戦後60年あまり。以前も受動的だった援護行政が、情報の減少とともにさらに受動的になっていく。近年、政府の派遣団が成果を上げられなかったのはある意味、当然なのである。

多くのメディアはこの問題を報じないから、国民の関心も薄れる一方だ。

研修会で学生を指導する赤木（左）

停滞を打開する方法として赤木は、防衛省・自衛隊が遺骨収集事業に参加することや民間のNPO法人などに、より一層の門戸を開くことを訴えている。

衣食住や輸送手段も含めて自己完結できる組織は、防衛省しかない。だが、旧軍を継承しているのは厚労省というのが政府の立場で、防衛省は国内の硫黄島などを除き、基本的に遺骨収集にコミットしていない。

赤木は、「遺族年金の給付の部分だけ厚労省がやればいいのではないか。遺骨収集は防衛省がやるべきだ。訓練にもなるし、戦史、戦跡の勉強にもなる。官の立場がだめなら、民間出向でもいい」という。

民間のNPO法人などへの、事業のより一層の委託についても同様だ。意欲のある民間団代に任せれば、「もっとコストをかけずに、今以上の成果を上げられるはずだ。

民間人を行かせるのが危険だというなら、ちゃんとしたガイドラインを設ければいい」と話す。

ＪＹＭＡの運営は決して楽ではない。篤志家の寄付などに頼っているが、昨今の経済状況で環境はいっそう厳しさを増している。

参加する会員は年間60人程度。ほとんどは学生だ。学生同士のネットワークで知り合ったり、ネットを見てやってくる。最初は何にも知らなかった若者が、遺骨収集の現場に立てば、冒頭の感想文を書くように変わっていくのだ。

「こうした若い人たちの志を決して無にするわけにはいかない」と赤木は思う。「国がやらねば我々の手でやる」と。

高齢化が進む遺族・戦友の慟哭

1

国の遺骨収集事業において、ずっと主力となってきたのは遺族、戦友である。愛する夫を、兄を、父を、そしてともに命がけで戦った戦友を祖国へ帰したい。こうした「強い思い」に支えられて、事業は進められてきたのは間違いない。

シベリアの収容所で、南方のジャングルで、自分のすぐ隣で無念の最期を遂げた戦友を埋葬しながら、「必ず迎えにきてやるぞ。その時までもう少しだけ待っていてくれ」と涙をこらえて叫んだに違いない。その約束を果たすために、どれだけの人たちが、再び、その場所へ向かったことだろうか。

ある人は、それが「生き残った自分の責務だ」と話した。戦友の遺骨を探し続けた父親の背中を見て、「その仕事」を受け継いだ息子や孫も少なくない。

ただ、年月の流れは無情だ。戦後60年あまり。戦友の多くは80代、90代になった。

遺族も高齢化が進む。父親の出征を母親のお腹の中で見送った人たちでさえ、もう60代になる。

こうした関係者の高齢化は、遺骨収集事業に影を落とし、否応なく事業の変革を迫っている。

産経新聞に連載された「あなたを忘れない」（平成21年2月5日付け）では、高齢化が進む遺族、戦友の〝魂の叫び〟を取り上げた。

○……あどけない軍服姿の顔写真が並んでいる。20歳前後の若さでシベリアに抑留され、収容所で亡くなった満州国軍の軍官学校（士官学校）7期の同期生の写真だ。抑留経験者でつくる東京ヤゴダ（シベリアで飢えを凌ぐためによく食べた木の実の名から取った）会副会長の茨木治人（82）は当時19歳。「夜中に零下まで冷え込む酷寒の中で鉄道工事をやらされた。栄養失調になり、半分以上が死にました」。ロシア（旧ソ連）で遺骨収集が認められたのは、平成3（1991）年になってからだ。仲間の遺骨を探し、慰霊碑を建てるために何度、現地を訪れたことか。

800人以上が埋葬されているチタ州「ブカチャーチャー収容所」の墓地を訪れると、目印にしていた「一本松」の枯れた株だけが残っていた。

そっと、手で土をすくうと、遺骨がのぞく。「水が飲みたかったろうな」と声をかけながら、水筒の水を注いだ。

それから幾度となく遺骨収集が行われた。亡くなった同期生83人のうち、1人の遺骨がどうしても見つかっていない。

「もう難しいでしょうね。一番年下の私が82歳。みんな弱っちゃいましたよ」。ヤゴダ会のメンバーも最盛期の300人から70人に減ってしまった。

「これからは、せめてシベリア抑留のことを若い人に伝えていくことに力を注ぎたいのです。学校ではロクに教えてくれませんからね」と厳しい表情になった。

◇

水戸歩二会・ペリリュー島慰霊会の影山幸雄《さちお》（63）が、父親の遺志を継ぎ、パラオ共和国ペリリュー島での慰霊と遺骨・遺品の収集に取り組んでから長い年月が流れた。

約1万1000人が亡くなった同島では、これまでに約7600柱の遺骨が収集された。残るのは約2500柱。

「探せばいくらでも遺骨があるのは分かっているんですよ。ただ、最近は現地の政府が、なかなか許可を出してくれません」

20年前には慰霊や遺骨収集で島を訪れる人が年間約4000人に上り、地元も彼らが落とす金で潤った。だが今や、せいぜい200～300人。一方で日本や韓国からのレジャー客が押し寄せ、「リゾート化」を目指す島からは、戦争を思いださせる行為は歓迎されない。

遺留品を持つ影山幸雄

「遺骨を掘る行為が環境破壊とされたり、ODA（政府開発援助）を引き換えなら……と持ちかけてくる役人もいます」

ペリリュー島からの生還者で今も健在なのは7人だけとなった。会員も2世が目立つ。いつまで遺骨収集を続けるべきか？　自問自答する日もある。

「ただね。政府には毅然とした態度を取ってほしいんですよ。日本政府はすでに多大なODAをやったではないですか。遺骨収集と交換条件にされるようなことはあってはなりません」

……○

2

遺族の中には、夫や兄の遺骨が帰るのを長い間、待ちわびながら、間に合わずに亡くなってしまった人も少なくない。

第一部で紹介した、シベリアから帰った父の遺骨と〝60年ぶりに〟再会した女性の母親もそうだった。ソ連（当時）での遺骨収集が認められたのは平成3（1991）年。あまりにも時間が掛かりすぎたのである。

妻（女性の母親）は、同僚が命がけで持ち帰った夫の認識票を、仏壇の引き出しに入れて大事に持っていたという。夫の写真は、昭和20年3月の東京大空襲で焼けてしまい、結婚式の写真ぐらいしか残っていなかったのだ。

夫は昭和16年7月に出征して以降、一度も日本に戻れなかった。当時、妻のお腹にいた娘の誕生を手紙で知らせると、たいそう喜び、名前を付けて送ってきたという。

だが、戦争が終わっても夫はいっこうに帰ってこない。シベリアに抑留されていたことは昭和23年6月に戦死公報が来て始めて分かった。死亡は21年4月。実に2年以上前に亡くなっていたことになる。夫の死を突然知らされた妻は幼い娘を抱えて、どれほど心細かったことだろう。

「東京に遺骨が届いた」と聞いて、妻は幼い娘の手をひいて疎開先から駆けつけた。ところが、白木の箱には「石」が入っていただけだった。そのとき初めて、遺骨はシベリアに残っていることがわかったのである。

当時、日ソ間には国交がない。どんなに泣き叫んでも届かない場所に遺骨はあった。やがて、夫の最期を知る人から連絡があった。「シベリアで伐採作業をやらされて、寒さと食糧不足で衰弱し切っていた。息を引き取るとき、何か言いたそうでしたが、力尽きて、ただ口をもぐもぐさせるだけでいってしまった。本当に惜しかった。早々に遺族に知らせたかったが、ソ連に住所録をとられ、かなわなかったのです」

夫は最期まで家族のことを心配していたという。「口癖のように『家には妻や子供がいるから、どんなことをしても生きてかえらねば』と言い、家族のことを非常に気にしていたんだ」と。

その後、ようやくシベリアでの遺骨収集が可能になったというニュースが流れ、知人から、「お墓を見つけに行けるんですよ」と知らされた妻はすごく喜んだ。そして、認識証や夫から受けとった手紙を初めて娘に見せたという。妻はそのとき、すでに70歳を超えていた。

娘が、「白木の箱に入った石ころ」のことを聞いたのもこのときが初めてである。彼女にとって、それだけ辛い思い出だったのかもしれない。

死亡した抑留者の名簿が発表されると、母子で夢中になって捜した。名前が見つかったときは、ちょっとがっかりもしたという。「もしかしたらどこかで生きているかもしれない」という最後の希望がなくなったからである。当時、シベリアの残留日本兵のニュースがたびたび流れていた。

妻は何としても、夫の遺骨を受け取りに行きたいと願った。「いけるかしらね」と目を輝かしながら、娘と話していた。

ところが妻は心臓が弱かった。高齢での長旅は負担が大きい。結局、断腸の思いで、娘に托すしかなかった。「しっかり見てきて」と娘を送り出したのである。

最初に現地へ行ったのが平成4（1992）年。お墓の特定は難航した。

「お墓らしい場所が2個所あったが、建物はすでになく、どちらかわからない。歯がゆい思いでした」

何度かの試掘を経て、ようやくお墓の場所が分かった。決め手となったのは埋葬した戦友の記憶だ。「東から数えて9番目に埋めた」とはっきり覚えていたのである。

だが、このときは遺骨を持ち帰ることができない。政府の遺骨収集派遣団ではなく、墓参団の資格だったからだ。娘は、現地の幹部に目をつぶってもらい、父の墓らしい場所をちょっとだけ掘ってみた。そして内緒でお墓の周りに咲いている花を持って帰った。

それから、しばらくして政府の派遣団が父の遺骨を持ち帰り、娘とのＤＮＡ鑑定の結果、「本人」と分かった。

だが、妻は「ほんの少しの差」で間に合わなかった。その2年前に亡くなっていたのである。80歳だった。

「母に抱かせてあげたかった」。ずっしりと重い白木の箱を抱いた娘は涙が止まらなかった。それだけが残念でならない。亡くなる前に、娘がシベリアで撮影した父の墓のビデオ映像を、泣きながら見ていた母の姿が思い出された。

「母がどれだけ父の帰りを待ちわびていたことか。父も、母や子供にひと目会いたかったことだろう。あと2年だけ、母が長生きしてくれたら、父の遺骨を抱くことができたのに……」

父の墓に入っている石ころを遺骨と入れ換えた。母はすでに同じ墓にいる……。

やっと「戦後」が終わった、と思った

シベリアを初めて訪れたとき、「こんな寒いところで遺骨が眠っているのかな」と哀しくなったことが思い出される。

そして今も思う。

「どなたの遺骨か分からなくてもいいから、日本に持って帰りたい。ひとりでも多く……」

＊

歳月とともに、関係者は高齢化し、戦友や遺族は減って行く。

「時間がない」というのはそういうことだ。

だが、今ならまだ間に合う。一日千秋の思いで、家族の帰りを待ち続けている人たちの思いに、政府は果たして真摯に向き合っているといえるだろうのか。

「思い出」にするには早すぎる。

「今の平和と繁栄を築いた先輩に対する責任果たす」と厚労相

平成21年4月20日、参院決算委員会で自民党議員が、遺骨収集問題を取り上げた。政府（厚労省）は現在の事業を見直し、今後、民間のＮＰＯ法人と連携を強化してゆく方針を明言した。当時の厚労相は「国の責任として遺骨を収集する。今後ともその方針が揺らぐことはない。１日も早く、１柱でも多く遺骨を収集していきたい」と力を込めた。委員会での主なやりとりを紹介する。

――自民党議員

「私どもがこうした自由と繁栄を享受できますのも、我が国の独立と自由のために尊い命をささげられた先人の皆様のおかげだというように思っています。ですから、国のために殉じられた戦没者に対して心からなる追悼と感謝の思いをささげるべきだと思いますが、残念ながら戦後60年以上たった今日になっても戦没者の問題について未解決のまま残されている課題がございますので、この戦没者の問題に絞って本日は質問をさせていただきたいと思います」

「まず最初に、海外の戦没者の遺骨収集についてであります。先日、富士山の清掃登山などをしているアルピニストの野口健さんから、ちょっとびっくりするお話をお伺いしました。さきの大戦において海外で亡くなった方は240万人に上るということでございます。その約半数の御遺骨が戦後64年たった今日でもまだこの日本に帰ってきていないというのだそうです。私も、日本青年遺骨収集団、現在のＪＹＭＡに若干関係しておりますので、海外の遺骨を収集するためには、言葉の障壁やあるいは遺骨に対する文化、慣習の違い、国民感情、そして現地の過酷な気候など、多くの困難を乗り越えなければならないということを多少は知っているつもりであります。ですから、厚生労働省が外務省の協力も得ながら、とりわけ日本遺族会や戦友会の皆さんとともに関係政府を粘り強く説得しながら、一柱一柱懸命に遺骨を収集されてこられたことに対し心から敬意を表する次第でもあります」

「と同時に、野口さんからもお話をお伺いして、これまでのように厚生労働省の担当部局の奮闘に任せたままでいいのかと。これまで遺骨収集を担ってこられた戦友会や遺族会の皆さん方も大変高齢化してきておりますし、この際、これまでの遺骨収集の在り方を踏まえ、より一層遺骨収集体制を強化すべきではないかという具合に思っております」

「そこで、質問を申し上げたいと思います。遺骨収集を進めるためにどうしたらいいのか。まず、海外での戦没者遺骨収集はいつごろから始まって、これまでの実績はどうなっているのか、始めた当初からの担当部署と、それから遺骨収集数等の概要を説明していただきたいと思います」

◆厚労省官房審議官

「海外での戦没者の御遺骨の収集についての経緯でございますが、昭和27年に当時の厚生省の外局でありました引揚援護庁によって始められて、その後、組織としましては、担当する部署の名称が厚生省の引揚援護局、援護局と名称が変更されましたけれども、現在の社会・援護局において実施しているという経緯でございます。また、これまでの実績でございますが、国におきまして、海外戦没者約240万人のうち、これまでに約31万柱の御遺骨を収集して本邦に送還しているわけでございます。このほかに、陸海軍の部隊ですとか一般の邦人の方々が引揚げに際して本邦に送還したものを含めますと、約125万柱の御遺骨が本邦に送還されていると、そういう現状でございます」

――議員

「そうすると、単純計算いたしますと、240万引く125万となるわけでありますから、残り115万ということになるわけですが、海外で収集可能な御遺骨はあと何柱ほど残っているという具合に把握しているんでしょうか」

◆審議官

「海外で収集可能な御遺骨についてのお尋ねでございますが、未送還の御遺骨約115万柱のうち、内訳を若干御説明させていただきますと、約30万柱の御遺骨につきましては、艦艇あるいは飛行機ごと海に沈んでいるということで、海で亡くなられて眠られている御遺骨、海没遺骨ということでございます。また、そのほかに約26万柱につきましては、中国ですとかあるいは北朝鮮など、相手国との関係、相手国の事情によりまして御遺骨の収集が困難な事情にあるという状況でございます。こういったことから、現状におきまして、当面の遺骨収集の対象として鋭意取り組んでいくべき対象となる御遺骨の最大数は約59万柱というように見込んでいるところでございます」

――議員

「遺骨収集の年度別実績を見ますと、最近は平成17年、18年は年600柱ほど、20年は2000柱くらいというようになっていますね。そうなりますと、あくまでも単純計算ですが、収集可能と思われる御遺骨59万柱すべてを日本に帰還させるためには、年600柱なら約1000年、年2000柱なら約300年掛かるという計算になります。海外での遺骨収集に多くの困難があることは十分に理解をしておりますけれども、やはりこれでは、海外の御遺骨をすべて収集するつもりなのかと、本当に収集するつもりなのかと批判されても仕方がないんではないかという具合に思います」

フィリピン・セブ島で

「海外の実績を調べても、例えばアメリカは、国のために命を懸けて戦った戦没者に対して国を挙げて懸命に遺骨収集をされているそうであります。アルピニストの野口さんもおっしゃっていましたけれども、国のために亡くなった人に対してちゃんとフォローしなければならないというように思います。さきの大戦におきましてアメリカは、激戦地の一つでありました硫黄島、この硫黄島で戦死した約5００名のアメリカ兵のうち、ただ1人だけ遺骨を収集できないということで、アメリカ政府は1昨年6月、その1人のためだけに調査隊を派遣してきたそうです。キープ・ザ・プロミス、戦没者との約束は絶対に守るというのがアメリカ政府の断固たる姿勢だそうでありまして、その姿勢が伝わってくるような気がします。そこでお伺いしたいのですが、そもそも遺骨収集に対して政府はどのような方針で臨んできたのか、大臣にお伺いします」

◆**厚労相**

「これは、昭和27年以降、国の責任として遺骨を収集すると、これを一貫してやってきております。今後ともその方針が揺らぐことはございません。1日も早く、1柱でも多く遺骨を収集してまいりたいと思っております」

——**議員**

「遺骨収集は国の責任だという具合に大臣から答弁をいただきました。全くそのとおりであります。国のため亡くなった戦没者の御遺骨を日本に帰還させるのは、まさに国の責務だと思います。しかし、実際は収集可能な御遺骨だけでも59万柱が異国の地で我々が来るのを待っているわけです。現在のペースなら最低でも300年、長ければ1000年掛かるわけです。これは、戦後懸命に遺骨収集に協力してくださった遺族会や戦友会の皆様に申し訳ないという気がします。何よりも、国のために亡くなった戦没者の皆さんの御遺骨を異国の地で放置することになるわけですから、許されることではないというふうに思います。これは国としての責任です。ですから、現状のペースで進めることは無責任のそしりを免れないと思うのでありますが、厚生労働省としてはどのような新たな対策を取る計画なのか、お尋ねいたします」

◆審議官

「遺骨収集につきましての今後の方針についてのお尋ねでございますが、現状認識といたしまして、現在なお広範な地域に多くの御遺骨が存在しているという状況でございますが、戦後64年が経過するという状況の中で情報収集等の面で課題があるというように認識しております。こういった状況の中で国として今後の遺骨収集を進めていくに当たりましては、まず第一に、民間団体などの方々と協力しまして幅広い情報収集を行うなど、多くの方々の力を結集して取り組んで成果を上げることができるような仕組みをつくっていくということが重要であるというように考えております。このため国としまして取り組んできているわけでございますが、民間団体の方々とも更によく話合いを行って、より良い協力ができるように努力してまいりたいというように考えております」

「同時にまた、遺骨収集、海外において実施するわけでございます。この取組を円滑に進めていきます上におきましては、関係する国の政府はもとより、現地の方々の理解と協力を得ながら実施していくということが不可欠でございます。したがいまして、国として相手国政府との協議など、国の責任において実施しなければならない環境整備につきまして、外務省とも連携して特にしっかりと対応してまいりたいというように考えておりまして、こういった取組を通じまして残された御遺骨を我が国に送還するために可能な手だてを尽くしてまいりたいと考えております」

――議員

「年度別の遺骨収集実績によれば、平成19年は収集数は760柱だったわけでありますが、20年には2038柱という具合に3倍増となっているわけであります。このうち１０６０柱は、フィリピンで情報収集活動をしていた野口健さんたちのＮＰＯの情報のおかげだという具合に聞いています。それだけ実績を出している野口さんたちによれば、遺骨収集にとって一番重要なのは、当時の日本兵の行動を知っている現地の方々との連携だそうです。特にフィリピンの場合、戦争末期にはフィリピンのゲリラと日本軍との戦いだったそうで、どこでどのぐらいの日本兵が戦い、玉砕したのか、現地の方々から聞くのが一番確かだというように思います。しかし、戦後もう64年がたちました。当時のことを知っておられる現地の方々もどんどんお亡くなりになっておられます。あと5年が勝負だと思いますので、現地事務所を置くなど現地情報提供者対策を重視する方針を確立すべきだと思いますが、どうでしょうか」

◆審議官

「私たちも野口さんら団体とよく最近、話合いを深めて連携を深めているわけでございます。そういった中で、御指摘のとおり、遺骨の収集に当たって現地の情報が大変重要であるという認識を持っております。そういった中で、具体的な取組としましては、私ども、平成18年度から、当初は3年間の計画ということでしたけれども、民間団体の協力を得て、フィリピン、東部ニューギニア、ビスマーク・ソロモン諸島といった地域において海外未送還遺骨の情報収集を集中的、重点的に実施してきたところでございます。これまで3年間の事業の実施状況について分析しまして、改めて現地での調査体制の強化が必要であるというふうに考えておりまして、遺骨収集の促進につながる有用な情報を数多く得るための見直しを今回図ったところでございます」

「見直しの内容といたしましては、今、先生からも御指摘ございましたけれども、現地情報を重視するという観点から、現地の邦人や住民の方々の中からコンタクトパーソンとなる方を調査員として一定期間雇い上げて恒常的に情報収集に当たらせるといった取組、あるいは情報収集チームの派遣期間を長期間として、現地調査員と有効な連携を図るといったことができるような見直しを行って現地調査の強化に取り組んでいくことにしているところでございます。また、もちろん政府といたしましても、在外公館を通じて得た現地情報の把握、あるいは必要な際に政府が直接行う現地調査といったことも含めて情報の収集ということに特に重点を入れて取り組んでいきたいと考えております」

——**議員**

「国の責任でということでございます。しかし、民間の方々もそれだけ努力をしておりますけれども、今は国の方もいろんな形で配慮を、情報を集めるためにされているということは認めるわけでありますけれども、さらに、民間の方々がこれだけ努力しているということに対してやっぱり応分の負担というか、国の責任において本来やることを肩代わりしてやっていただいているという観点から、国費についての支援をもっと私はやらなければいけないという具合に思います。でなければやっぱり進まないという具合に思っておりますので、これについて是非大臣に配慮をしていただきたいというように心からお願いを申し上げる次第でございます」

「お話をお聞きいたしておりましても、やっぱり戦後間もなくのころというか、占領後、27年からですから、日本が主権を回復して後というのは、遺族会の方々にお聞きしますと、大変な逆風の中というか、戦争のために亡くなった遺族だという形じゃなくて、悪いことをした人の子孫でしょうというような形でもって見られて非常に苦労されてきたということでございます」

「また、今は大変な時間がたってしまいました。だから、それだけにやっぱり国の責任においてやるんだという決意をもっと明らかにしていただいて、そして費用の方ももっとちゃんと負担していただくということが必要ではないかと思うんですね。民間、民間ということで、実はほとんど民間のボランティアの上にまだ全部お願いしているというのが実情でございますので、そこのところの配慮を是非よろしくお願いしたいというように思うわけであります。ですから、国の責任で収集するという以上は、その辺の体制と予算を更にちゃんと見ていただきたいという具合に思う次第でございます」

「アメリカ等は、やっぱり海外の現地事務所等もちゃんと出しています。戦争捕虜行方不明者捜索統合司令部という専門の司令部をつくり、タイのバンコクやラオスのビエンチャン、ベトナムのハノイとかそういうところに現地の事務所を開設しているんだそうでございます。そしてまた、法医学の専門家も集めて身元確認研究所というものも設立をして徹底的な鑑定をやっているということでございます。アメリカはそういうことでは当然お金も掛かっているわけでありまして、アメリカの現在の予算は約、年間で50億円、そして400人以上の専門チームを抱えているそうであります。日本では、担当部署の予算は幾らぐらいで、担当人員は何人ぐらいなのか、ひとつ、簡単でありますけれども、数字だけでも明らかにしていただきたいと思います」

◆審議官

「平成21年度におきます遺骨収集関係の予算でございますが、これはDNA鑑定に要する費用ですとかを除きました遺骨収集に直接要する経費ということで3億2100万円ということでございますが、これは前年予算に比べて約8000万円ほど増額を認めていただいたという状況でございます。また、所管する援護担当部局の職員数につきましては、非常勤の職員を含めて151人でございまして、このうち遺骨収集を直接所管しております外事室という組織の職員は29名でありますが、遺骨収集のための海外派遣に当たりましては援護担当部局全体の職員が対応するという体制でやっているところでございます」

——**議員**

「もちろんアメリカと日本では戦後の歩みも違いますし、単純に比較することはできませんけれども、予算でいえばアメリカは日本の16倍、それからスタッフの数も、外事室の29人ということで考えれば15倍ということになります。もちろん予算の額やスタッフの数ではないという意見もあるかもしれませんけれども、予算やスタッフが増枠されればやっぱり遺骨収集が進むことは間違いありません。現に、昭和47年当時、予算が1300万円で9000柱収集していたんですが、50年に予算4億7300万円と増額したところ、収集数も3万6240柱へと4倍に増えています。ですから、やっぱり国の責任で遺骨収集を強力に進めていくためには、現状の体制にプラスして、現地事務所を開設したり、専門の遺骨、遺品鑑定機関を設置する必要があったり、どうしてもそういうような予算面の増加と、それからスタッフの増員が必要になってくるという具合に思います。最後に、大臣の決意のほどをお聞かせいただきたいと思います」

フィリピンの海岸近くで見つかった遺骨

◆厚労相

「先般も、先ほども申し上げましたように、国の責任においてこれは遺骨を収集するということで、私も遺骨収集なさっているNPOの方々にもお会いしました。大変頑張っていただいていて、彼らの参画によって一気に数が増えておりますので、この支援もやりたいというふうに思っています。やはりこういうことをきちんとやるということが国家としての責務であろうというふうに思いますし、委員が冒頭におっしゃったように、今の平和と繁栄を築いた私たちの先輩に対する、そして、まだ外地で眠られている方々に対する責任であろうと思っております」

――議員

「是非、大臣のお言葉のとおりだと私も思いますので、そのような基本方針に沿って体制を整備していただきますよう、重ねてお願いを申し上げます」

第三章　願い

「父よ、夫よ、兄よ……」

1

野口健を取り上げた産経新聞の「話の肖像画・あきらめるのはまだ早い」（平成20年6月2日―6日掲載）や、戦没者遺骨収集の現状と課題を追った連載企画「あなたを忘れない」（2月3日～13日）には、記事が掲載された直後から大きな反響があった。

「記事を読んで涙が止まりませんでした」。父親を戦争で亡くした遺族の方からの便り、野口らにあてて、「活動の足しにしてほしい」と現金を添えて送られてきた手紙も相次いだ。これほど読者から反応がある記事は滅多にない。

手紙を送ってくださった方たちは、愛する夫や父親、兄を戦争で亡くしている。自分たちは年々、年老いていくのに、いまだに遺骨は帰らない……。

何よりも辛いのは、国が、社会が、多くの国民が、この問題に無関心なことだ。

戦没者のことなど、「もはや、この国の人たちからは、忘れ去られようとしているのではないか……」。焦燥感が募るが、一市民の力ではどうしようもない。

そんなとき、記事を読んで野口ら若い世代がこの問題に懸命に取り組んでいることを知ったのであろう。

「こんな若い人が一生懸命やってくれていることを知り、思わず筆を取りました」と手紙にはしたためてあった。

無記名の便りに、「現金」が添えられていることもあった。おそらくは、年金などをやりくりして送ってくださったのかと、思うと胸が熱くなった。

遺族は決して「忘れていない」のだ。

遠い異国の地のジャングルや洞穴に残されたままになっている〝大切な人〟。いつか、自分のところへ帰ってくる日を信じて待ち続けているのである。そんな想いが文面に溢れ出していた。

遺族ではない一般の読者から、国の政策への怒りや、この問題を知らずにいたことを悔やむ手紙もあった。

「しっかり国がやってくれていると思っていたのに」「戦後60年あまり、いまだに115万人もが帰れないなんて」と。

野口がこの問題を「日本人全体への問いかけである」と話したことはすでに書いた。編集局に届いた手紙の束を見て、その〝問いかけ〟は間違いなく、「多くの日本人に届いている」、「心に響いている」ことを確信した。

戦没者や遺骨収集のことを取り上げると、〝軍国主義〟だとか〝右寄り〟だなどと、見当違いの非難を浴びせてくる勢力が、いまでもいる。野口がこの問題で積極的に動き始めたときもそんな批判がいくつか寄せられたという。

問違ってもらっては困る。遺骨収集の問題に「右」も「左」もない。もちろん、軍国主義などまるで関係がない。日本人としての『心』の問題なのだ。

大切な家族のため、祖国のために命を投げ打った人たちがいまだに故郷へ帰れずにいる。そして、60年間、その帰りを待ちわびている家族がいる……。

届いた多くの便りこそが、その「証拠」ではないか。

2

最初に届いた手紙には、名前が書かれていなかった。

「〝名無しの個人スポンサー〟になりたい」と、野口を取りあげた「話の肖像画・あきらめるのはまだ早い」(平成20年6月2日―6日掲載)の掲載直後に、東京都世田谷区の消印で、現金が入った手紙が産経新聞社編集局へ届いたのだ。

差出人の名前には『卒寿の一都民』とあるだけ。野口に対して、「これからも日本のため、平和のため、声をあげてください」と書いてあった。

現金が入った手紙ごと、野口に送ると、「こんなうれしい反響はない」と感激してくれた。

手紙には、「これからも少しずつですが、支援を続けて行きたい」と書いてあったが、送って下さった方の住所も名前も分からない。そこで、仕方なく野口事務所の口座を新聞に掲載したのである。

それから半年以上が過ぎた今年(21年)2月末、おそらく同じ差出人の方から、再び「現金」同封の便りが届いた。

*

「前略 昨年の初夏のころでしたと思います。野口氏への寄金の番号を聞きましたが、それには本名を書かねばならないと思い、それに家族に知られるのも嫌で、つい怠けてしまいました。今回また(お金の)転送をお願いします」

「遺骨収集について知りたいのです。(遺骨は)現地でどんな扱いを受けていたのでしょうか。もし、そのまま打ち捨てられていたのなら…。でももし、現地の村人たちから一種の聖域のように丁寧に扱われていたのでしたら（多分、インドネシアのどこかでそんな話を聞いたことがあります）、彼らはどのような気持ちでそうしているのか、を伝えていただきたいのです」

「私も普通の年金生活者ですが、折に触れてすぐれたお仕事をなさって下さる方々に、ほんの気持ちだけのものを、お役に立てていただくのを喜びとしております」

＊

おそらく、2月に連載した「あなたを忘れない」の連載を読み、再び、手紙を送ってくださったのだろう。手紙には、前回よりも多いお金が入っていた。

◆

横浜市の半澤ヒデ子さん（86）の夫は、マリアナ沖海戦で戦死した。海軍の飛行兵だったという。遺骨は戻っていない。

＊

「野口健様　前略ごめん下さいませ　マリアナ沖海戦の空戦で戦死した海軍飛行兵の

遺族です。今朝二月三日の御紙紙上の『あなたを忘れない』を読み、僅少ですが、お役に立てて頂きたくて同封致しました」

「フィリピンでは嫂の弟も戦死しております。帰国できない遺骨の嘆き、またその遺骨も求められない遺族の深い悲しみも味わっております。この時期に遺骨を収集していただけること、またその意欲に感動し、感謝しています。長くて困難な道のりでございましょうが、一体でも多く、収集していただけますよう御願いします。突然のことで申し訳ございません」

◆

大阪府豊中市の猪塚《いづか》清子さん（83）は兄をフィリピン・レイテの戦いで亡くしている。兄は勤務していた満鉄から教育収集されて南方へ渡り、戦死した。心優しい兄だった。遺骨は帰らず、両親は最期まで、息子が戦死した地を訪れることを願っていたという。

＊

「二月十三日付けの『あなたを忘れない』。あらゆる地で戦死した方の遺骨が日本に帰りたい、靖国神社に帰りたいと願っていることでしょう。今の日本の平和は、多くの戦者のお陰です。私も兄の事を、生きている限り忘れません」

「今日、若い方、（ジャーナリストの）笹幸恵さんが一生懸命やってくださる事、本当に嬉しく、御礼が言いたいです。国を治める議員は、ぜひ一度、国のために亡くなった人達が戦死した場所を巡り、心から手を合わせるべきでしょう。現地を見れば分かるはずです。ぜひ声を上げてください。御願いします」

＊

猪塚さんは、昭和54年11月に、両親に代わって、レイテ島を慰霊巡拝に訪れている。兄は1万人以上が立てこもり、1人も生還できなかったカンギポット山で亡くなっていた。

＊

「兄は『カンギポットで戦死した』という通知しか、来ませんでした。（生前）父は『出出征前にせめて一度、会いたかった』『戦死地に行きたい』とばかり言って亡くなりました。その言葉が気になり、いつか私が叶えてあげたい、と思い、（国が行う）フィリピン慰霊巡拝事業に申し込み、参加することができました」

「兄が戦死したカンギポットへ行く途中、二度、車がパンクして、『ああこの場所で

「どれほど帰りたかっただろう」（フィリピン・セブ島）

兄は亡くなったのかな』と思い、兄がよく吟じていた『山川草木』を声高く吟じました。それが兄に通じたのか、三度目のパンクはなく、無事、カンギポットに着きました。もう二度とお参りに来ることはできないだろう、と思い、父母がお参りを望んでいたことも告げました。そしてその地の小石を持ち帰り、お墓に収めました」

「レイテの奥地の向かいが深い谷の場所に追い詰められて……。ここで一部隊が全員死亡しました。でも、『遺骨収集はできない』と教えられました。それを聞いて、一時（ショックで）立てなくなった方が般若心経を大声で唱えながら、『戦死者の皆さん、日本へ帰りましょう』と声を掛けていたのが忘れられません」

3

◆

レイテ島で戦死した弟（当時24歳）のことをずっと気にかけていた父。平成18年に87歳で亡くなった父の荷物から、弟の写真や資料が出てきた。

「叔父さん（父の弟）のことをずっと想っていた父の代わりにレイテへ行きたい……」。横浜市の中村紀子さん（65）からはそんな思いを込めた手紙（ジャーナリストの笹幸恵さん宛て）が届いた。

＊

「私は2月で65歳になった主婦です。平成18年2月に私の父が87歳で永眠いたしました。父は満州からシベリアへ抑留され（3年間）ましたが、自分のことはあまり語らず、レイテで昭和20年7月に戦死した弟（叔父）のことを調べていたようです。父の死後、母から『こんな物が出てきた』と見せられたのが、レイテの戦友会に参加したときの地図やメモでした。遺骨は戻らず、父の実家には21年に石ころが入った箱だけが届いた、母は言います」

「父は60歳になってから、糖尿病や高血圧、軽い脳梗塞を患い、弟のことも調べられなくなり、靖国神社に行くこともできなくなりました。遺骨収集のことを書かれた野口健さんの本を読み、父のことを思い出して、涙が出てきました。その本でNPO法人のことを知り、(フィリピンへ行くことを)家族に相談していたのです」

「そして、今年の2月、私の誕生日のときに主人と主人の姉と芦原温泉へ行ったとき、温泉宿で産経新聞の『あなたを忘れない』の記事を見ました。少しでも若いうちに、父の代わりにレイテへ行きたい。そんな思いでいます」

＊

中村さんはもちろん、叔父さん(父の弟)には会ったことがない。だが、昔の戸籍を取り寄せたとき、自分の名前と叔父さんの名前が同じ戸籍に書いてあるのを見て、「何としても父の思いを引き継ぎたい」と願ったという。

父もシベリアに抑留され、大層辛い経験をしたに違いない。しかし、中村さんら家族には、自分のことも、弟のことも、多くを語ろうとしなかった。あまりに辛いことで、話すのもしのびなかったのだろう。

だが、弟のことをどれほど熱心に調べていたかは、残された荷物を見て分かった。身体が元気なら、父はきっと、レイテ島へ行きたかったに違いないのだ。

中村さんは、NPO法人などと連絡を取り、戦友会を訪ね、靖国神社にも行った。そして、近いうちに必ずやレイテ島を訪ねるつもりでいる。

「私も65歳。腰やひざも悪い。でも身体を治して、絶対にレイテへ行きたい」

野口や笹などの若い世代が遺骨収集の問題に熱心に取り組んでいることが、中村さんの「背中を押した」と言ってもいい。

「本当に心強いことですよ。こんな若い人たちが頑張ってくれているなんて、感激です」

レイテへ行ったら叔父さんにこう声をかけるつもりだ。

「ずっと会いたかったよ。叔父さん、ありがとう」って。

「国は何をしていたのか」

1

産経新聞に届いた便りの中には、この問題に対する国の無策、消極的な姿勢を怒り、嘆くものが少なくなかった。

◆

横浜市の岸勇さん（73）からは、遺骨収集問題が置かれた現状や日本の現代社会の風潮を残念がる手紙を、2度にわたって頂いた。

＊

「遺骨収集特集を報道していただき、産経新聞読者として誠に嬉しく思います。大東亜戦争で死傷した将兵の『無念』を思うとき、いまだ115万余の未帰還の遺骨があることを思うと、まことに慚愧に堪えません」

「『あなたを忘れない・戦没者遺骨収集のいま』の特集は終わりましたが、また、角度を変えて報道を続けていただきたい。油断のならない国々に囲まれている日本を思うとき、ますます産経新聞の主張は重要です。今後の活躍を期待します」

＊

「正面切って遺骨収集を……と言えば、（国や政治家は）積極的には反対などできないはずです。ではなぜ、日本だけが兵士の遺骨収集が進まないのか？　先の大戦であれだけ勇猛果敢な戦いをした兵士たちを手厚く、帰還させてあげないのか？　おかしいと思うのが当然ではないか。日本兵の戦い方は、日本人として実に立派であり、いまの我々が見習うべきことが沢山あるのに……」

「その原因は何か？　1、先祖を敬う心が薄くなった　2、金欲に溺れている　3、政治不信からの愛国心の欠如（外務省以下の各省）以上の3点をつきつめれば、（現代の日本人には）感謝・自覚・生きる意欲が不足しているということにならないか」

「何か最近、先祖に叱られているような気がしてならない。私には戦死者や戦犯とされた人が身内や親類にはいないが、日本人が国のために命をかけるのは、オリンピック選手でなくても当然だと思う。遠く外国で水も飲まずに苦しい中で戦い、命を亡くした兵士たちの遺骨をもっと真剣に収集すべきではないか」

「米国限らずドイツやイギリス、フランス、オランダ等、外国の遺骨収集状況も報告してほしい。『あなたを忘れない』の特集に、関心が高かったということは、まだまだ日本人も捨てたものではない、と嬉しく思いました」

◆

大阪の消印で届いた無記名の手紙には『貧者の一灯』と記された封筒に、お金が添えてあった。文面から想像すると、送り主は女性かもしれない。

＊

「『戦没者遺骨収集のいま』、アルピニストの野口健さんが、遺骨収集問題に取り組まれておられるのを読んで、戦中、戦後と生きてきた私には嬉しく思いました。敗戦後、ずっと心に思っていたことだからです。レイテ島玉砕などと聞く度に、胸が痛み、ジャングルの洞穴で国の為に戦って亡くなった方々やその家族の心境を思うと……。空の遺骨箱が届いたということも聞きました。当時、銃後にいたわれわれもようやく立ち直った1950年ごろ、この作業はきっと、国がしてくれていると思っていましたが……」

「今は豊かになりましたが、己の遊ぶための金を、人殺しまでして奪うような世の中です。いやはや何とも言えません」

フィリピン・セブ島の発掘現場で

「国のために戦死されて、いまだ帰らぬ遺骨。身元は分からずとも、1人でも多く収集をしていただきたい。地域ごとに名をあげ、靖国神社にお祀りして、折あらば、お参りするのが本当の日本人ではありませんか。今日、私たちがあるのも、その方たちのお陰なのであうから」

「私も敗戦で無一文となりました。でもこれまで、清く正しく生きてきたつもりです。今日生きていることに感謝しています。老齢年金も少なく、身体もよたよたで、大したことはできませんが、（同封したお金は）少しでも役立ててください。はなはだ些少で申し訳ございません」

同封されていたお金は決して「些少」ではなかった。気持ちが心にしみるようだった。手紙はなお続く。

＊　　　＊

「余計なことですが、隣近所の回覧板につけて、いくらかずつでも集めていただければ、日本中で大きな金額となると思います。私の親類で戦死した者はおりませんが、当時は同じ時代を生きている日本人として当然のこととして、よく、靖国神社にお参りしたものです」

「遠い他国に遺骨が晒されている人たちのことを思えば……」

◆ 2

日本人の遺骨が残されているのはフィリピンばかりではない。戦後、旧満州の大連から引き揚げてきた千葉県船橋市の山本善太さん（77）からの便りである。

「連載で戦争の遺骨収集の記事がありました。私が気になっていたのは、戦後の引き揚げで外地に残された邦人の遺骨のことです。特に私が昭和7年に生まれて引き揚げるまでの生活の地であった大連。中心地に近い山の麓の静かな場所に、とても立派な忠霊塔が建っていて、父母に連れられ、大連神社と一緒によくお参りしたものです」
＊
「気になりますのは、戦後、満州の奥地から命からがら大連にたどり着いた人たち。中でも餓死や病気で亡くなった方々の遺骨が、お寺に預けられたり、土中に埋められたりされたと聞いています。それらの遺骨の行方が気になって仕方がないのです。真偽は分かりませんが、日本人の遺骨は大連のお寺に一カ所に集めて納めてあるという話も聞きました。国でちゃんと整理されているのであればよろしいのですが……」
＊
同様の話は、新京（現・長春）など、ほかの満州の地からの引揚者からも聞く。山本さんは、「大きな問題ですよ。日本政府がしっかり対応してほしい。国民も無関心ではこまるのです」と話す。

◆

台湾とフィリピンの間にあるバシー海峡に輸送船とともに沈んだ日本兵を慰霊するお寺を台湾に私財を投げ打って建てた静岡市の中島秀次さん（88）のことを知らせてくれたのは、埼玉県鳩山市の広沢衆子さんの手紙だった。

＊

「フィリピンと台湾の間にはバシー海峡があります。その海峡で、25万人以上の将兵、5000トン級の軍艦2000隻がいまだに、海底に放置されたままなのをご存じでしょうか。その霊を祀ったお寺が台湾最南端の恒春半島のマオビタオ（猫鼻頭）という場所にあります。名前は『潮音寺』。高雄からは200キロの場所です」

「バシー海峡は戦前、日本の領海でした。この海を幾多の軍艦、貨物船、病院船などが通過しました。だが昭和19年の暮れには、海、空ともにアメリカに制圧されてしまい、日本の軍艦はアメリカの機銃掃射、潜水艦からの攻撃で大打撃を受けました。病院船までもが攻撃の対象になったのです。その結果として25万人以上の将兵がここで亡くなりました。遺体の収容は、主に日本陸軍が行ったそうですが、地元の台湾の人も協力を惜しまなかったそうです」

「マオビタオの海岸は遠浅です。ここにも約２５００体の遺体が打ち寄せられました。その遺体を丘の上の原っぱに移して、荼毘に付し、あるいは土を掘って埋めたといいます。その上に立つお寺こそが潮音寺です」

「昭和56年、中島さんは私財を投げ打って潮音寺を建立されました。中島さんは、玉津丸という５０００人乗りの輸送船に乗船していてアメリカ軍に攻撃され、海に投げ出されましたが、筏のようなものにつかまって12日間、漂流した経験があります。玉津丸で助かったのは中島さんを含めて５人だけだったといいます」

＊

「どれだけの日本人がバシー海峡で起きた悲劇を知っているでしょうか。彼らの死はいったい何だったのでしょうか？　死者にとってもこの国は祖国なのです。バシー海峡の25万人の将兵は日本国から顕彰されてしかるべき方々です。あまりにも政府も国民も鈍感で、冷た過ぎると思います。私はどうしても、バシー海峡の悲惨さを、多くの日本人知ってもらいたいのです」

「潮音寺を管理してくださっているのは、高雄の台湾女性です。女性は細かいことはもうしませんでしたが、寺の管理も広い境内の掃除も、たまに日本からやってくる参拝者の御世話も、この女性が個人のお志でなさっておられるのです」

「日本国のために命を捧げた人々に対して、現地の人に、金銭面までおんぶにだっこの任せきりでいいのでしょうか？　私は身の置き所のないような恥ずかしさを覚えました。日本からの参拝者は年間200人ぐらいだそうです。ご遺族がすでに高齢化している現状では、仕方がないのかもしれませんが、あまりに少ない数です」

「どうしても多くの人々にバシー海峡に眠る25万将兵のことを知っていただきたく、つい感情的な文章になったかと思います。私自身は毎年、身体とお金の続く限り参拝します」

◆3

ビルマの戦いで、持ち帰った日本兵の遺品を届けようと、今も持ち主を捜している90歳の在米の日系2世の話をしてくれたのは、神奈川県横須賀市の大内義徳さんだ。

＊

「『あなたを忘れない』は大変良い企画でした。私は、ビルマの戦いに参戦した日系2世の話をしたいと思います。彼は米シアトル生まれですが、長野の旧制中学を出ており、日本語も不自由はありません。現在90歳で、ニューヨーク近郊に住んでいます。彼は、戦友が持ち帰った日本兵の遺品（日の丸や認識票）を持ち主に返したいと願っています。日の丸には住所が書いてあり、そこへ手紙を送ったのですが、返事はありません。認識票についても、厚生労働省に訪ねたら、『そんな資料は残っていない』とにべもありませんでした。アメリカ軍なら考えられないことです。いったい何のための認識票なのでしょうか？　関係者はみな高齢です。いまのうちに何とか手渡したいと思うのですが……」

◆

「あなたを忘れない」の連載を読んだ、日本新聞協会の担当者からも電話をいただいた。「大きな反響があったそうですね。恥ずかしながら、私もこのような問題があるのを知りませんでした。ぜひ協会報に原稿を書いていただけませんか」。若い女性の担当者はそう話した。3月30日付「日本新聞協会報」に掲載された原稿を紹介する。

＊

正直驚いた。反響の大きさにである。「戦没者遺骨収集のいま」を書いた連載企画（2月3日～13日）に寄せられた読者からのお便りは数十通、先の大戦で夫を、兄を、父を亡くした遺族が多かった。「1人でも多くの遺骨を帰してほしい」と現金が添えられた手紙もあった。ほとんどが70代から80代。年金などの中からやりくりして送ってくださったのか、と思うと胸が熱くなった。

どこまでも続く緑のジャングル（フィリピン・セブ島）

戦後60年あまりが過ぎた現在、戦没者遺骨収集に関心を持つメディアは少ない。わが産経新聞とて例外ではなかった。データ・ベースを検索しても、ほとんど記事が出てこない。メディアが報じなければ、世間の関心は薄れる。遺族、戦友ら関係者は年々、高齢化するばかり。国（厚生労働省）が行う収集事業は停滞し〝幕引きムード〟さえちらついていた。

だがその一方で、この問題に真摯《しんし》に取り組もうとしている「若い力」があるのを知った。アルピニストの野口健さん（35）やジャーナリストの笹幸恵《ゆきえ》さん（34）らである。野口さんは忙しいスケジュールをやりくりして3度、フィリピンに渡り、いまだに旧日本軍の兵士の遺骨が野ざらしになっている現状を見た。「国のために命をかけた人たちを国の責任で帰すのは当然ではないか」。その後、野口さんはいろんな機会を捉えて、この問題を訴えていくことになる。影響力と行動力、そして戦略眼も持っている野口さんのことだ。じわじわとその輪は広がり始めている。

この問題に「右」も「左」もない。もしあなたの夫が、大事な家族が当事者だったらどう思うのか……。編集局に届いた多くの手紙は、そのことを改めて気付かせてくれた。

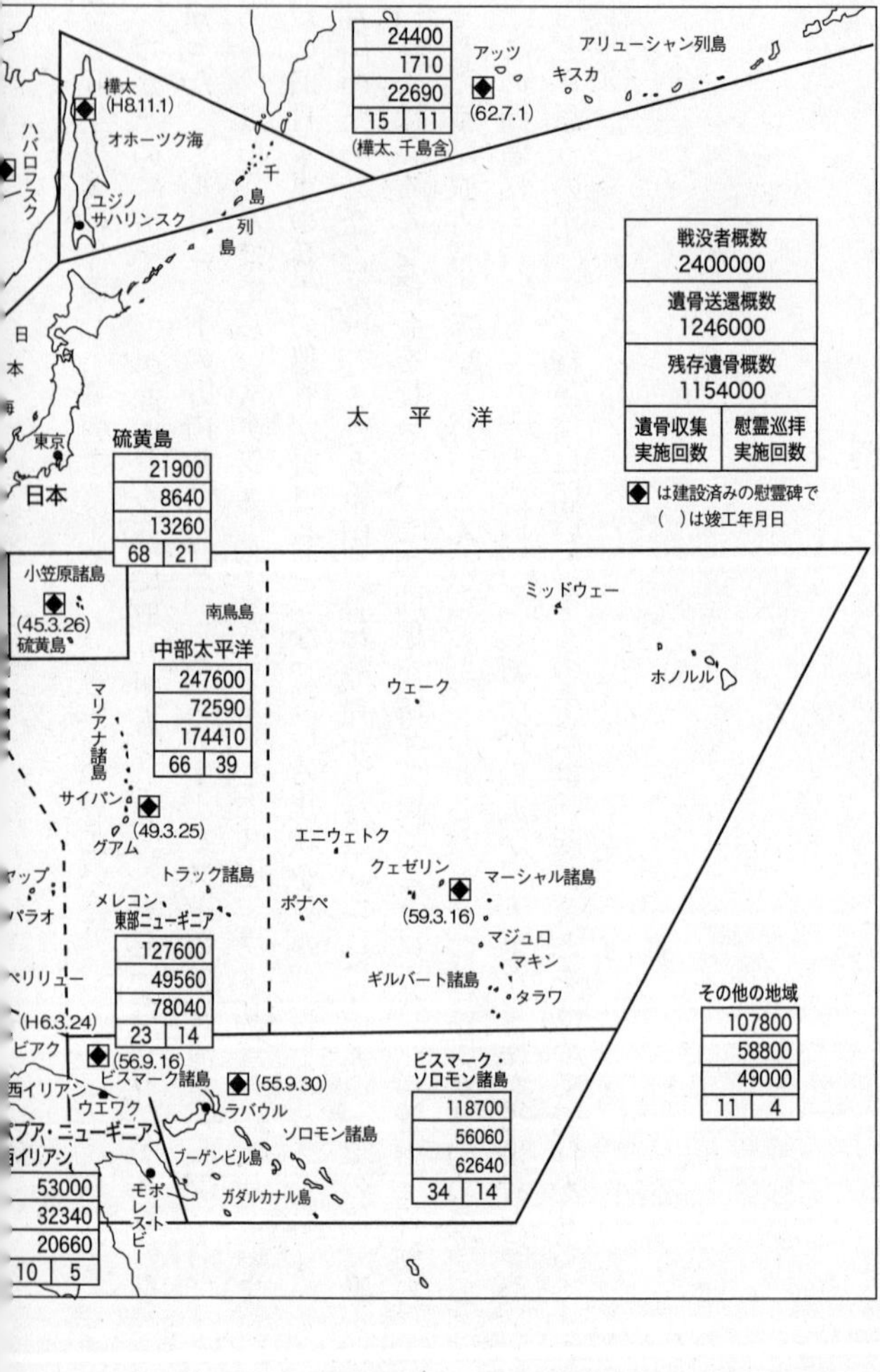
24400
1710
22690
15 11
(樺太、千島含)
アッツ
(62.7.1)
キスカ
アリューシャン列島
樺太
(H8.11.1)
オホーツク海
ハバロフスク
ユジノサハリンスク
千島列島
日本海
東京
日本
戦没者概数 2400000
遺骨送還概数 1246000
残存遺骨概数 1154000
遺骨収集実施回数
慰霊巡拝実施回数
は建設済みの慰霊碑で
( )は竣工年月日
太 平 洋
硫黄島
21900
8640
13260
68 21
小笠原諸島
(45.3.26)
硫黄島
南鳥島
中部太平洋
247600
72590
174410
66 39
ミッドウェー
ホノルル
ウェーク
マリアナ諸島
サイパン
(49.3.25)
グアム
エニウェトク
クェゼリン
マーシャル諸島
(59.3.16)
ヤップ
トラック諸島
パラオ
メレコン、
東部ニューギニア
127600
49560
78040
23 14
ポナペ
マジュロ
マキン
ギルバート諸島
タラワ
ペリリュー
(H6.3.24)
ビアク
(56.9.16)
ビスマーク諸島
(55.9.30)
西イリアン
ウエワク
ラバウル
パプア・ニューギニア
西イリアン
53000
32340
20660
10 5
ソロモン諸島
ブーゲンビル島
ガダルカナル島
モレスビー
ポート
ビスマーク・ソロモン諸島
118700
56060
62640
34 14
その他の地域
107800
58800
49000
11 4

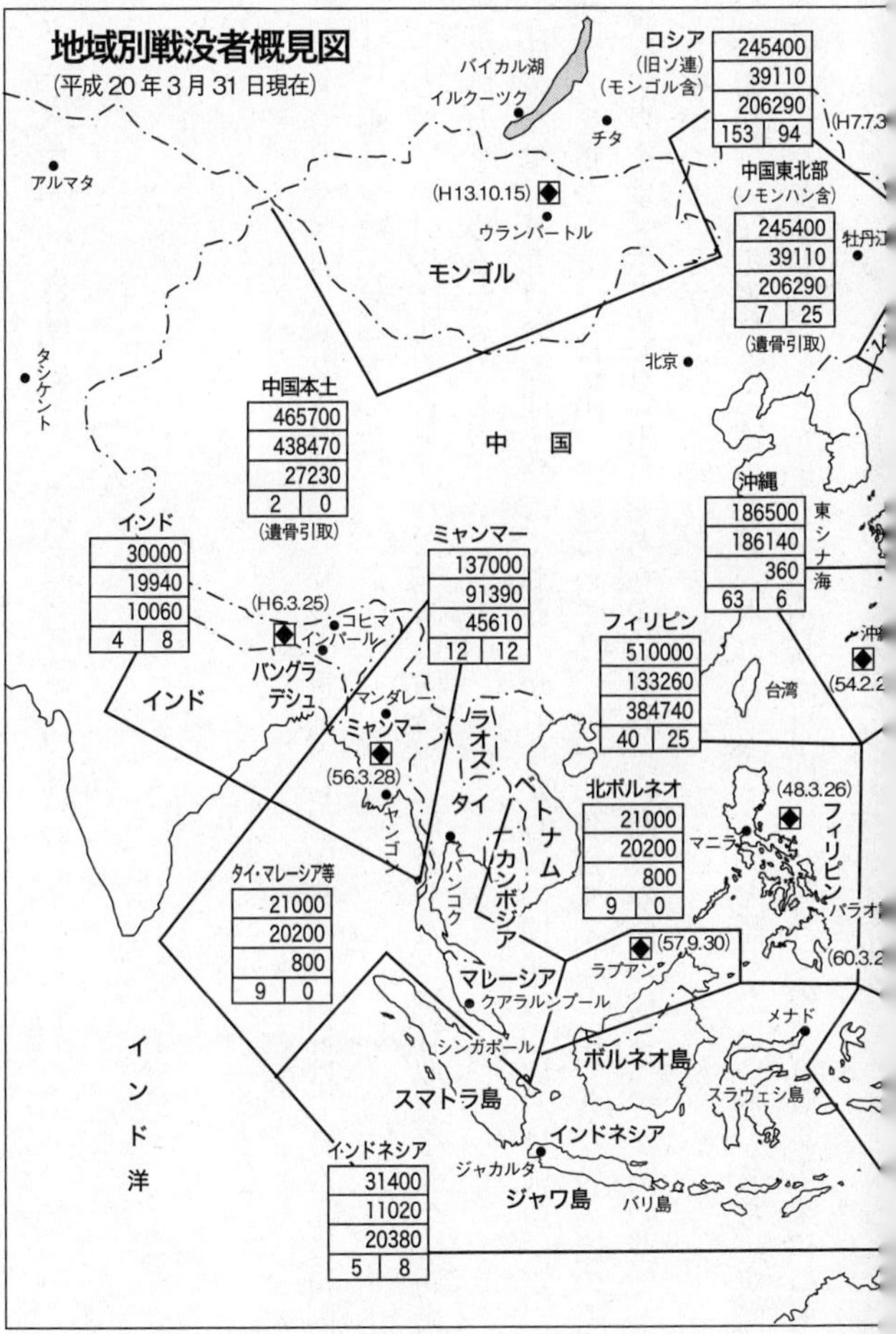
地域別戦没者概見図
(平成 20 年 3 月 31 日現在)
ロシア
(旧ソ連)
(モンゴル含)
245400
39110
206290
153 | 94
(H7.7.3
バイカル湖
イルクーツク
チタ
アルマタ
(H13.10.15)
ウランバートル
モンゴル
中国東北部
(ノモンハン含)
245400
39110
206290
7 | 25
(遺骨引取)
牡丹江
北京
タシケント
中国本土
465700
438470
27230
2 | 0
(遺骨引取)
中　国
インド
30000
19940
10060
4 | 8
ミャンマー
137000
91390
45610
12 | 12
沖縄
186500
186140
360
63 | 6
東シナ海
(H6.3.25)
コヒマ
インパール
インド
バングラデシュ
マンダレー
ミャンマー
(56.3.28)
ヤンゴン
ラオス
タイ
ベトナム
カンボジア
バンコク
フィリピン
510000
133260
384740
40 | 25
台湾
沖縄
(54.2.2
北ボルネオ
21000
20200
800
9 | 0
(48.3.26)
マニラ
フィリピン
パラオ
(60.3.2
タイ・マレーシア等
21000
20200
800
9 | 0
(57.9.30)
ラブアン
マレーシア
クアラルンプール
シンガポール
ボルネオ島
メナド
スラウェシ島
スマトラ島
インド洋
インドネシア
インドネシア
31400
11020
20380
5 | 8
ジャカルタ
ジャワ島
バリ島

「火」がつき始めた　2009年夏・フィリピン

1

2009年5月、約2カ月間のヒマラヤ遠征から帰国した野口健は、真っ先に靖国神社に駆けつけ、参拝をした。

その後、野口らは防衛省を訪れ、当時の防衛相と面会した。遺骨収集事業への防衛省の協力を求めるためである。

防衛相は、NPOの顧問を務めており、かねてからこの問題への関心は強い。だが、防衛省を預かるトップに座っているいまは、軽々に発言することはできない。国の遺骨収集事業は厚生労働省の担当であり、防衛省・自衛隊の協力には〝霞が関の壁〟が立ち塞がっているからだ。

防衛相は「厚労省側から協力要請があればなぁ……」と語ったという。また、実際にそうした要請があったとしても、今の防衛省内に、「海外での遺骨収集事業に積極的に協力したい」という意識があるか、と言えば、それもはなはだ疑わしい。

すでに、自衛隊が協力している国内の硫黄島などを除いて、海外で自衛隊が活動するには、様々な制約がある。国連や国際的な協力活動以外で、自衛隊の部隊が来ることに、抵抗感を持つ国も少なくない。

だが、こうした制約を踏まえた上でも、自衛隊が儀仗《ぎじょう》隊を編成して、祖国へ帰ってくる戦没者の遺骨を栄誉礼で迎えることはできないのか。

かつては羽田空港で防衛庁長官（当時）と自衛隊の儀仗隊が英霊を出迎えていた時代もあったという。それが、いつの間にか行われなくなった。

野口は今年3月、419人分の遺骨と一緒にフィリピンから帰国したとき、「もし、到着ロビーがひっそりと静まりかえり、〝犯罪人〟のように故郷に帰るのでは、国の為に命をかけた人たちにあまりにも申し訳ない」と心配していた。

幸いこのときは、多くの関係者が温かく出迎えることができた。だが、もちろん、自衛隊の儀仗隊はいなかった。

戦争へ行くときは、「国のために戦ってこい」と盛大に送り出された人たちが、60年ぶりに帰国するのである。まともな国家なら、最高の栄誉を彼らに与えて、最大限のもてなしで出迎えるのが当然であろう。

民間主催の懸賞論文問題で航空幕僚長を更迭された田母神俊雄は、「この国のリーダー、政治家、官僚、マスメディア、そして日本の社会全体が〝事なかれ主義〟に冒されている」と厳しく批判している。

もし、戦没者の遺骨を出迎えるのに自衛隊を出せば、「左翼にかぶれたマスコミが『戦争を美化している』と噛みつくかもしれない」、「中国や韓国が反発するかもしれない」……。そう考えると、たちまち〝思考停止状態〟に陥ってしまい、「触らぬ神に祟りなし」と首をすくめてしまうのが、今の日本の問題なのである。

これが、「まともな国家」の姿と言えるだろうか？　いや、「まともな国家」ではないからこそ、遺骨収集への取り組みが停滞していたのである。

2

政治家サイドにも新たな動きが出てきている。

遺骨収集事業については、何の法律もないことはすでに書いた通りだ。これに対して、民主党、自民党の国会議員有志が、それぞれの党の中で、法制化に向けた取り組みを始めたのである。

法制化については過去にも国会で、何人かの議員が質問を行っているが、政府側は明確な答弁をしていない。そのまま60年の歳月が流れてしまった。

政治家は、世論が沸かねば、なかなか動かない。逆に言えば、世論、もっと平たく言えば〝票になる〟ことには人一倍敏感な嗅覚をもっている。

「野口さんがこの問題に熱心に取り組んでいることが政治家を動かしたに違いない」と役員は見ている。野口が動き、さまざまな機会を捕らえて発信する。そして、メディアも報じる。社会的な影響力が大きい野口の動きを、政治家も敏感に捕らえているのではないか、というのだ。

たとえそうであっても、この問題にとっては悪いことではない。政治家が動けば、霞が関の官僚も動かざるを得ないからだ。そして国民にも関心は広がって行く。

これが〝たった1年間〟で起こったことなのである。

ほんの数年前、当時の厚労相が遺骨収集事業の〝幕引き〟を示唆する発言を行い、ほとんどのメディアも国民も、それに無関心だった。

それが、再び活力を取り戻し、政治が動き出したのである。

野口は言い続けてきた。「政治家こそが声を上げねばならない」と。ようやく、そこに「火」がつき始めた。

ただ、そうは言ってもまだまだ始まったばかり。ゴールは遥か先である。野口らが、「今後5年間が正念場」と考えていることはすでに述べた。決して、ノンビリとはしていられない。むしろ、もっともっとペースを上げねば、追いつかないのだ。（文中敬称略）

結びにかえて

政治やスポーツの世界には「たったひとりで局面をガラリと変えてしまう」力を持った人がいる。野口健さんは、そんな力を持っているようだ。

本文中では「突破力」という表現を使ったが、迸るような情熱と行動力、揺るぎのない信念、そして確かな戦略眼によって、さまざまな局面をひとりで変えてきた。環境問題しかり、今回の遺骨収集問題しかりである。

野口さんは極めてエネルギッシュだ。複数の問題に同時並行で取り組んでいるために、スケジュールは常にギッシリ……。

「何が野口さんを駆り立てているのか？」と尋ねたことがある。彼の答えは、「僕が〝落ちこぼれ〟だったからですよ」。

お父さんは東大出のキャリア外交官。お母さんはエジプト人の元スチュワーデス。高校時代には、暴行事件を起こし、退学寸前になったこともある。だが、両親の離婚もあって、気持ちが荒み、学校の成績は低迷。

そんなときに出会った冒険家の植村直己さんの本が、野口さんを山へと導いた。

「〝落ちこぼれ〟の僕でも何か、できることを見せたかった」という。その後の野口さんの素晴らしい活躍ぶりは、よく知られている通りである。

野口さんと言えば、国政選挙の度に、候補者としてメディアに名前が上がる。本人も政治には並々ならぬ関心を持っており、実際に出馬寸前にまで行ったこともある。だが、大いに悩んだ末、結局、彼は立候補しなかった。そのことも問うた。

「単なる『タレント議員』にはなりたくなかったんですよ。僕はまだまだ勉強が足りない。専門といえる分野もない。それに、議員バッジをつけるだけが政治と関わる方法ではないでしょう」。野口さんはそう言った。

ただし、「政治を決して諦めてはいけない」というのが野口さんの持論である。

今の日本を見渡してみれば、経済も社会もメディアも、出口が見えないような閉塞感に支配されている。そして、リーダーシップをとるべき政治が迷走しているのだから、どうしようもない。

そんな政界だからこそ、野口さんのような若くて「突破力」のある人に、思う存分暴れてほしい、と願っているのだが、彼は静かに微笑むばかり。いつかは、そんな時が来るかもしれない。

数年前から、私はこうした野口さんの行動に関心を持ち、何度もインタビューを行い、産経新聞や月刊『正論』で、記事を書いた。本書はその中でも、遺骨収集問題にスポットを当て、大幅に加筆、修正したものである。

今後、国民全体に関心が広がり、1人でも多くの人（遺骨）が、懐かしい故郷、愛する家族のもとへ帰ることができるよう願ってやまない。

平成21年5月

産経新聞社東京本社編集局文化部次長　喜多由浩

野口健氏インタビュー（令和6年5月）

野口さんに15年前のNPO法人の「騒動」を振り返ってもらうとともに、現在まで続く沖縄での遺骨収集への思い。「騒動」後に起きた変化や、これからの課題などについて聞いた。【聞き手　喜多由浩】

――単行本発行以降に、旧日本兵以外の遺骨混入が大きな「騒動」となったNPO法人の問題を改めて振り返ってほしい。問題の本質はどこにあったのか？

野口　まず大前提として、当時の遺骨収集事業の停滞があったと思います。当時すでに戦後60年以上。終戦直後ならまだしも、残留遺骨の情報は年々減少し、国民の関心も薄れていく。厚生労働省が戦没者や遺族のために行う事業の大半が慰霊巡拝（※

海外の戦跡を遺族らが訪ね、慰霊巡拝を行う）となり、遺骨収集については〝幕引き〟を考えていた。つまり、海外戦没者の遺骨の約半数がまだ母国に戻っていない状況にありながら、それを事実上放置していたのだと思います。国だけでなく、関係団体の中にも、もはや収集可能な遺骨は「ほとんどない」という認識を持っていましたしね。

――そうした停滞を打破すべく、ＮＰＯが打ち出した新方式は〝画期的〟だ、ともてはやされたのだが

野口　シベリアなどではある程度、日本人が埋葬された場所が特定できますが、フィリピンでは簡単ではありません。広いジャングルの洞窟の中などに遺骨が散在しているし、長い年月を経て地形も変わっている。治安もよくない。あの時点（戦後60年以上が経過）で、フィリピンでは、日本人だけで探すのも、日本人の遺骨のみを選んで持ち帰ることも事実上、不可能だったと僕は思います。

そこで（ＮＰＯは）現地の住民の情報に頼ることにした。当時はまだ日本軍と実際に戦った住民が結構残っていましたからね。彼らが収集した旧日本兵の遺骨を、フィリピン側が選んだ鑑定人が調べ、地元自治体と、最終的にはフィリピン政府が〝印を

ついた（認めた）〟上で、日本へ持ち帰るというやり方でした。つまり（NPOが）勝手に持ち出したわけではないし、ちゃんと「手続き」は踏んでいたのです。

――新方式で収集数がケタ違いに急増した、これはおかしい、と…

野口　（NPOも）最初は慎重にやっていたと思う。何時間もかかってやっとたどり着いた場所で見つけた遺骨がどうにも小さい。「これは子どもの骨だ。日本兵じゃない」として収集を断念したこともありましたしね。

だけど、実績が上がるにつれて、マスメディアも注目するし、彼らも「数」を目標として掲げるようになった。〝目標〟達成に向けて、現地のスタッフはハッパをかけら

れるし、現地住民の間でも「骨を持ってゆくと日本人がおカネをくれるらしい」といった噂が広がっていきます。NPO側も、後に引けなくなったのかな。「遺骨はもうない」と主張する勢力への対抗意識もあったでしょう。そして、意図していなかったにせよ、結果としてフィリピン人の遺骨が混じることとなったのだと思います。

ただし、誤解を恐れずに言えば、長い年月がたったフィリピンのジャングルから、100パーセント日本人の遺骨のみを選んで持ち帰るのは無理なんだと思いますよ。つまり、混在を防ぐのは不可能に近い。NPOの場合はケタが違いましたけどね……。

総括すれば、停滞し、国から放置されてきた遺骨収集事業を何とか動かそうとしたNPOの新方式は、ちょっと乱暴だったのかもしれませんが、「方法論」としては間違っていなかった。（批判の声に対して）他にどんな方法があったのでしょうか？と聞いてみたいと思うのです。

――野口さんは結果的にNPOを辞めた

野口　僕はNPOの役員になって、メディアや国会議員らに新しい方式をさんざん「宣伝」して回りましたし、賛同して寄付をしてくれた方々もいましたから、「騒動」が起きたときは説明責任を感じていました。

繰り返しになりますが、僕は「方法論」としては間違っていなかったと思っていたので、ちゃんと記者会見を開いて、問題提起をしよう、僕らの立場を説明しよう、と別の幹部に訴えました。「釈明」をしなければ世間は「クロ」だと思うでしょうからね。この騒動も元はといえば、国が長年放置してきたツケが回って来た結果だという思いもありました。

（NPOの幹部とは）さんざんやり合いましたが、結局、僕の主張は受け入れられなかったので辞めざるを得なかったのです。僕に言わせれば、「方法論」は間違っていなかったけど、騒動が起きた「後」の対応に問題があったのではないでしょうか。

——その後、フィリピンから沖縄へ場所を移して遺骨収集を続けた

野口　NPOを辞めたけど、遺骨収集には関わり続けたかった。そんなとき、沖縄で半世紀以上も、一人で遺骨収集を続けている国吉勇さんを紹介されたのです。沖縄「正論」友の会のメンバーと一緒に最初に沖縄で遺骨取集をやったのは平成22年の11月のことでしたが、実は半信半疑でした。普通の住宅街のような場所に戦没者の遺骨がいまだに残っているとは、信じられなかったからです。国の統計でも沖縄にはもう残留遺骨はない、となっていましたからね。

ところが、行ってみたら、決して大量ではないけれど、生活圏の中にある「ガマ（沖縄の自然洞窟）」などで掘れば掘るほど遺骨が見つかるのです。軍人も民間人も、女性の櫛や子供のものと思われる小さな骨も……。

沖縄での収集は過酷な作業でしたねぇ。米軍の火炎放射機による攻撃で真っ黒に焦げた洞窟をそれこそ、匍匐前進のようにして奥へ奥へと進んでゆく。暑くて雨が多いからジメジメしているし、蚊も多い。洞窟がいつ崩れるかもしれない、という恐怖もあります。そんな場所で土木工事さながらの重労働をするわけですよ。

そんな場所で国吉さんは毎日、悪条件下の中、ただひたすらツルハシをふるい、コツコツとひとりで遺骨を掘り続けてきたのです。多くのメディアに注目されて華々しかったフィリピンでの活動とのギャップを感じました。誰に注目されるわけでもないのに収集を続ける国吉さんの姿に僕は、感動を覚えたのです。

――国吉さんはなぜ遺骨収集を

野口　国吉さんは子どものときに沖縄戦に遭遇し、お母さんと離れ離れになってしまった。その後、お母さんは亡くなるのですが、収容キャンプのような場所で国吉さんはお母さんの遺体と会うことができた。国吉さんはそれで「救われた」というのです。亡くなっていたけれど、最期にお母さんに会うことが出来たから。だから一人でも家族のもとへ帰してあげたい、と毎日、遺骨を探し続けることにしたのです。僕は国吉さんの言葉にグッときましたね。

――その後、定期的に沖縄へ

野口 年に1、2回、もう10年以上になるかな。ここ最近は新型コロナ禍で行けなかったのだけど、また行きますよ。

国吉さんは80代の半ばを過ぎましたが、今では、20代、30代の若手が核になって収集を進めています。うまくバトンタッチができたのですね。僕もSNSなどで協力を呼びかけたら、たくさんの若い女性などが手を挙げてくれました。沖縄は不発弾がいまだに多く見つかるなど、気を付けねばならないことも多いのですが、国内だし、一般の人が参加しやすい環境にあると思いますよ。

――この15年で、遺骨収集事業を取り巻く状況はかなり変わった。法律によって「国の責務」も明記された。一連の「騒動」を経て、NPOなど民間団体へ委託する方法は中止され、事業主体は新法人（日本戦没者遺骨収集推進協会）」に一元化され

たものの、遺骨の収容数は伸び悩んでおり、課題は多い

野口　さまざまな「騒動」があったのは事実ですが、それがきっかけになって、結果的に「見直し」も進んだと思います。平成28年に成立した「戦没者遺骨収集推進法」によって『国の責務』として明確に事業が位置付けられたことは大きかったでしょうね。それまでは口ではそう言いながらも法的根拠はなく「国家の義務」でも何でもなかったんですから。この法律は議員立法によって出来ました。僕自身も「アメリカは国家の義務だけど日本は違うじゃないですか」と多くの国会議員に法整備を働きかけてきた経緯がありますから感慨深かったですね。

国家の責務として位置づけられたことによって、防衛省・自衛隊のかかわりも変わりました。例えば法律が成立した28年の12月にはガダルカナル島で収集した遺骨が海上自衛隊の護衛艦によって帰国することが出来ました。これは画期的なことですよ。出征するときは「国のために」と盛大に送り出され、命を投げうった英霊を故郷に迎えるのは国家としての責務だし、相応の礼をもって行うべきだと思うからです。

だから、僕がフィリピンで活動していたときは、防衛大臣を訪ねて直接、自衛艦で遺骨の帰国ができないか、とお願いしたのです。ところが、そのときは「ありえない。あの戦争と自衛隊を結びつけることになりかねないから」と断られました。つまりあ

の時代に比べて「政治」が動いたんですよ。あきらめてはいけません。「海没遺骨」やインド・ミャンマーなど、それまでほとんど手つかずだった分野や地域でも収集事業を行うようになったことも大きいと思います。インド・ミャンマーは僕の祖父（省己氏）も参謀として加わった「ビルマの戦い」が行われた場所ですから、こちらも感慨深い。ただ、相手国との関係や政情不安で突然、ストップしたり、再開したりすることも多々あります。各国での情報の収集などとともに、外交的な努力も常に続けるべきでしょうね。

――法整備によって、担当の厚生労働省だけでなく、外務省や防衛省との連携強化がうたわれるようになった

野口　これも懸案事項だったんです。15年前は、在フィリピンの日本大使館を訪ねて協力を求めてもホント冷たかったですよ（苦笑）。（イエメン大使などを歴任した）外交官だった親父に聞いてみたら、「申し訳ないけど、外務省にとったら（遺骨収集は）余計な仕事をさせられているという意識なんだよ」と言われました。〝タテ割り行政〟の典型でしたね。

それが、推進法の成立によって、遺骨収集の円滑な実施のために、厚労省は外務省

や防衛省などに協力をもとめ、外務・防衛サイドも「可能な限り協力する」と定められました。そして、在外公館に遺骨収集を専門に担う厚労省職員の配置も盛り込まれたのです。

――新たな事業の枠組みでは、各地で収集した遺骨の一部をいったん日本に持ち帰り、「日本人」であることが確実になれば、全体の遺骨を持ち帰ることになった。一方で遺族からの申し出を受けて行うDNA鑑定の地域も拡充されたが、実際にマッチする数は少ない

野口　うーん、これは難しい問題です。DNA鑑定は「やれる状況ならば」やったほうがいいとは思いますが、地域差がある。たとえば、日本人墓地のような特定の地

域に埋葬されたケースが多いシベリアなどではＤＮＡ鑑定はやりやすい。だけど、フィリピンのジャングルで見つかったような遺骨でＤＮＡ鑑定をきちんとやろうと思えば、膨大な費用と手間がかかるでしょう。その兼ね合いが難しいのです。あまりに厳格にルールを当てはめると、結果として、まったく持ち帰れない、ということにもなりかねません。

――事業の枠組みなどが変わった一方で、国民の関心は相変わらず低いように思えるが……

野口　僕はそうは思いませんよ。というのも、僕が講演で話をするとき、最も反応があるのが、実は「遺骨収集」だからです。結局は伝え方次第じゃないでしょうか。たとえば、若い世代はヒマラヤや富士山の（清掃登山の）ことは知っていても戦没者遺骨収集のことを知らない。ところが、それを知れば、ハッとして関心を持つんです。冒険と戦争は違うけれど、つながっている部分もあると思うのです。

その伝え方にも工夫があります。たとえば、東日本大震災で津波でさらわれた娘さんたちをずっと探し続けるお父さんがいます。どうしても娘さんに会いたいからです。これは愛する家族、故郷へ帰りたい戦没者の遺骨と同じでしょう。また、国吉さんのお母さんの話や、(ビルマの戦いに参加した)僕のじいちゃんの話から入ってゆく。そうすれば若い人たちも分かりやすいし、関心を持つのです。これも、あきらめてはいけません。

――推進法で定められた「集中的に事業を行う期間」が令和11年度まで延長されたが、これが「最後のチャンス」ではないか

野口　繰り返しになりますが、伝える努力をしない限りは風化して行くでしょうね。戦没者の遺骨収集は決して「過去」のことではないのです。国のために命を投げうった人を大事にしない国家は滅びます。だから「現在」や「未来」につながる大事なことなんですよ。

だから、各関係者も「足の引っ張り合い」をするようなセクショナリズムや既得権益にこだわっている場合ではありません。まさに「オール・ジャパン」で力を合わせ、これからの5年間で最大の努力をすべきじゃないでしょうか。僕自身、これからも遺骨収集に関わっていきたいと思いますね。

■野口健（のぐち・けん）　アルピニスト。１９７３年、外交官の父とエジプト人の母の間に米・ボストンで生まれる。亜細亜大卒。２５歳で７大陸最高峰最年少登頂の世界記録を達成（当時）。戦没者の遺骨収集のほか、エベレスト・富士山の清掃登山、被災地支援など幅広いジャンルで活躍。著書に『落ちこぼれてエベレスト』『父子で考えた「自分の道」の見つけ方』など。

■喜多由浩（きた・よしひろ）　産経新聞編集委員。１９６０年、大阪府出身。立命館大学卒。社会部次長、月刊『正論』編集部次長などを経て現職。主な著書に『台湾日本人物語』『満洲文化物語』など。

装幀　伏見さつき
DTP　佐藤敦子

産経NF文庫

野口健が聞いた英霊の声なき声

二〇二四年十月二十三日　第一刷発行

著　者　喜多由浩

発行者　赤堀正卓

発行・発売　株式会社　潮書房光人新社

〒100-8077　東京都千代田区大手町一-七-二

電話／〇三-六二八一-九八九一(代)

印刷・製本　中央精版印刷株式会社

定価はカバーに表示してあります

乱丁・落丁のものはお取りかえ

致します。本文は中性紙を使用

ISBN978-4-7698-7071-5　C0195

http://www.kojinsha.co.jp

産経NF文庫の既刊本

日本が戦ってくれて感謝しています2

あの戦争で日本人が尊敬された理由

井上和彦

第1次大戦、戦勝100年「マルタ」における日英同盟を序章に、読者から要望が押し寄せたインドネシア——あの戦争の大義そのものを3章にわたって収録。日本人は、なぜ熱狂的に迎えられたか。歴史認識を辿る旅の完結編。15万部突破ベストセラー文庫化第2弾。

定価902円(税込)　ISBN978-4-7698-7002-9

日本が戦ってくれて感謝しています

アジアが賞賛する日本とあの戦争

井上和彦

インド、マレーシア、フィリピン、パラオ、台湾……日本軍は、私たちの祖先は激戦の中で何を残したか。金田一春彦氏が生前に感激して絶賛した「歴史認識」を辿る旅——涙が止まらない！感涙の声が続々と寄せられた15万部突破のベストセラーがついに文庫化。

定価946円(税込)　ISBN978-4-7698-7001-2